Fritz Hendrich
Die vier Energien der Führung

FRITZ HENDRICH

DIE VIER ENERGIEN DER FÜHRUNG

MENSCHENFÜHRUNG
MIT DER KRAFT DER ELEMENTE

SIGNUM WIRTSCHAFTSVERLAG

Besuchen Sie uns im Internet unter
http://www.herbig.net

2. ergänzte Auflage by Signum Wirtschaftsverlag –
Amalthea Signum GmbH, Wien

Schutzumschlag: Matthias Weiner
Fotos im Innenteil: © Bruno Blum/PhotoLib TM/
PhotosDisc. Inc. (Kathleen Brown)
Illustrationen: Heribert Dankl
Druck und Binden: Wiener Verlag, Himberg
Printed in Austria
ISBN 3-85436-292-7

DIE VIER ENERGIEN DES FÜHRENS

Menschenführung
mit der Kraft der Elemente

EINFÜHLUNG

STRUKTUR

INHALT

VORWORT

Um Ihnen die Entscheidung zu erleichtern, ob Sie dieses Buch lesen sollen oder nicht, sollten Sie am besten wissen, für wen ich es geschrieben habe:

Für alle, die in einem Unternehmen Verantwortung für die Führung von Mitarbeitern haben und sich zugestehen, daß sie darauf nicht nur stolz sind, sondern ganz heimlich mitunter darüber auch erschrecken. Vielleicht so ähnlich wie ich erschrocken bin, als mir in der Geburtenstation ein Arzt ein säuberlich verpacktes Bündel auf die Handflächen legte. Aus diesem blickte mich ein Augenpaar erwartungsvoll an. Auch wenn die Erwartung nur meine Projektion und nicht die Absicht meiner Tochter war – Erschrecken und Ratlosigkeit mischten sich in Freude und Stolz der Vaterschaft: „Dafür bist du jetzt zuständig", schoß es mir durch den Kopf. „Wie macht man denn das: für andere Menschen verantwortlich sein?" Dabei war ich schon seit fünf Jahren für die Mitarbeiter einiger Abteilungen eines mittleren Produktionsunternehmens zuständig.

Welche sind die elementaren Werkzeuge der Menschenführung? Wer sie sucht, der wird hier für den Weg durch das Labyrinth der Führungskunst einen sehr praktischen Kompaß mit den vier wichtigsten Himmelsrichtungen und den Nuancierungen zwischen ihnen finden. Sie geben für die Um- und Außenwelt einer Führungskraft ebenso Orientierung wie für die Innenwelt der persönlichen Qualitäten, welche in dieser Aufgabe gefragt und gefordert sind.

Geschrieben habe ich dieses Buch auch für jene, die – am besten von sich selbst – den Satz kennen: „Wenn ich einmal Chef(in) bin, dann mache ich das ganz anders." Oder ein paar Jahre vorher: „Mit meinen Kindern wird das einmal ganz anders ..." Was waren wir doch für perfekte Eltern, als wir noch Kinder gewesen sind! Was waren wir doch für Führungsexperten, als wir noch Mitarbeiter und Mitarbeiterinnen gewesen sind!

Auch für sie sollte ein Stück Orientierung und Wegweisung

hier zu finden sein, um aus den Fußstapfen derer auszusteigen, die wir überholen wollen, und um Vorbilder zu überleben, von denen wir uns befreien wollten. Denn der Gefahr, erlebte Muster zu übernehmen, die wir von Herzen und aus Überzeugung abgelehnt haben, entgehen wir als Vater oder als Mutter ebenso schwer wie als Führungskraft.

Daher ist dieses Buch für all jene gedacht, die Orientierung suchen in diesen Themen, die an Schulen und Hochschulen gemieden und verschwiegen oder zumindest gründlich vernachlässigt werden.

Dort haben wir zwar gelernt, die x-te Wurzel aus Ypsilon zu ziehen – was uns heute jeder einfache Taschenrechner abnimmt. Oder das Present Perfect vom Past Perfect zu unterscheiden – was nur wenige gebürtige Engländer, geschweige denn Amerikaner können. Oder wie sich die Einzeller durch Parthenogenese (sprich: ungeschlechtliche Zellteilung) vermehren – was in unseren zwischenmenschlichen und sonstigen Begegnungen nicht einmal von beschränkt praktischem Nutzen war. Mit Schulabgang konnten wir schließlich auch das Volumen berechnen, das entsteht, wenn zwei Kurven um eine gemeinsame Achse rotieren – was wir ja später auch täglich brauchten. Oder etwa nicht?

Doch über die Grundgesetze menschlichen Zusammenarbeitens haben wir wenig bis gar nichts gehört. Was Menschen motiviert und was sie frustriert, was sie für eine produktive Zusammenarbeit brauchen und wie dabei Reibung entsteht oder Synergie – darüber hat uns kein Lehrer erzählt. Darin sollen wir uns offensichtlich als Naturtalente erweisen – so wie fürs Vater- oder Mutter-Sein.

Wer die elementaren Grundgesetze sucht, die das Zusammenarbeiten mit anderen bestimmen, findet sie in sehr klaren, bildhaften Symbolen. Sie sind der Rahmen und die Struktur für dieses Buch. Elementar heißt nicht nur grundsätzlich, sondern ist auch ein Hinweis auf die Elemente, die in einer Jahrtausende alten Bildersprache uns Schlüssel geben für das Verständnis von natürlichen Zusammenhängen und persönlichen Verhaltensweisen.

EINLEITUNG

Die Wirklichkeit und die Wahrheiten

Was meinen wir, wenn jemand „*Feuer* und Flamme ist"? Hat das nicht mit Begeisterung und Motivation zu tun, vielleicht dann auch mit Hektik und Chaos? Sicher aber meint es nicht umsichtiges, rücksichtsvolles Vorgehen mit kühlem Kopf.

Wenn wir jemanden ein „stilles, tiefes *Wasser*" nennen: Meinen wir damit nicht seine Duldsamkeit und Empfindsamkeit, aber auch seine Empfindlichkeit und Verschlossenheit? Wohl aber sicher nicht Entschlossenheit oder mitreißende Euphorie oder intellektuelle Sachlichkeit.

Oder wenn ein „Hans-Dampf in allen Gassen" seine „*Luft*schlösser" baut? Ist damit nicht visionäres Träumen, Vielseitigkeit und Kreativität gemeint? Bestimmt aber nicht beständiges bis beharrliches Bewahren von Vertrautem und Bewährtem.

Wenn schließlich einer „mit beiden Beinen fest auf der *Erde*" steht: Sagt das nicht etwas über seine Gründlichkeit, Sachlichkeit und Verläßlichkeit, vielleicht auch über Starrheit und Engstirnigkeit? Sicher ist aber damit nicht etwas wie Spontanität, Emotionalität oder Risikobereitschaft gemeint.

Es gibt offensichtlich elementare Bilder, die wir in der Alltagssprache kennen und benutzen. Auf sie aufmerksam und ihr Verständnis wieder neu bewußt zu machen, ist Anliegen dieses Buchs. Dazu bedient es sich einer bildhaften Struktur, die zwar in uns verankert ist, deren Verständnis aber in unserer „Linkshirn"-Lastigkeit (auf die wir gleich zu sprechen kommen) untergegangen ist. Wenn wir hier in die Katakomben des verschütteten alten Wissens hinuntersteigen, dann werden uns auch ganz elementare Naturgesetze wieder deutlich, für die wir im Sprachgebrauch noch ein sehr gutes Gefühl haben.

Diese Bildersprache hat viele Trends überlebt – auch solche

über Führen und Managen. Der Verdacht liegt nahe, daß sie uns auch (oder ganz besonders) heute mindestens so viel zu sagen hat wie die neueste schicke Modenuance von Chaos- oder New-Age- oder gar Light-Age-Management und wie die letzten Schreie sich jeweils nennen mögen.

Imponiergehabe und Profilierungsbedürfnis selbsternannter Trend-Gurus und Managementmode-Designer, von denen einige noch unterhaltsam, andere nur mehr eitel sind, haben mit Tausenden Seiten an gekünstelter Fremdwort-Geschwätzigkeit den Blick verlegt auf die klaren Bilder, die das Verständnis vielfältiger Zusammenhänge erleichtern und ermöglichen.

Es ist erstaunlich, in wie vielen neuen Kleidern uns das uralte Wissen von den vier Elementen allein als Modell menschlichen Verhaltens verkauft wird. Daher setzt es sich dieses Buch zum Ziel, wieder an die Quellen dieser Typologien zu führen, an ihre ursprünglichen Bilder zu erinnern. So können wir ganz einfache Zusammenhänge wieder neu entdecken, die quer durch Kulturen und Jahrhunderte führen und nicht zufällig immer dieselben geblieben sind.

Die Bilder der vier Elemente finden wir in der ägyptischen Sphinx genauso wie in den vier Symbolen der Evangelisten. In der Bildersprache, die auch die Astrologie verwendet, symbolisiert:

- der Löwe das Feuer,
- der Stier die Erde,
- der Adler (als erlöste Form des Skorpions) das Wasser und
- ein Engel mit einem Wasserkrug (daher die Bezeichnung Wassermann) das Luftelement.

Bei der ersten Begegnung mit dieser Symbolsprache mag es verwirren, daß der Adler das Wasser und der Wassermann die Luft repräsentiert. Doch um das plausibel zu erklären, müßten wir jetzt zu tief in die Urgründe von Mythologie und Symbolik eintauchen.

Begnügen wir uns hier zunächst mit der Beobachtung, daß in allen Kirchenfenstern oder Reliefs die Evangelisten ebenfalls das Symbol „ihres“ Elements bei sich haben:

- Markus den Löwen,
- Lukas den Stier,
- Johannes den Adler und
- Matthäus den Engel.

Diese Symbole weisen jeweils auf das Element hin, welches Inhalt und Anliegen gerade dieses Evangeliums kennzeichnet: Am deutlichsten erlebbar ist das wohl beim Evangelium nach Lukas. Aus ihm liest man zu Weihnachten die ganz und gar irdische Geschichte vom Jesuskind, in der Christus Erdenmensch wurde. Zusammen stellen sie die Ganzheit der christlichen Botschaft dar. Die vollständige Sphinx besteht aus eben diesen Elementen:

- dem Leib eines Stiers (Erde)
- mit Pranken eines Löwen (Feuer),
- Flügeln eines Adlers (Wasser, weil erlöste Form des Wasser-Zeichens Skorpion, auch wenn dieses selbst auf dem Trockenen lebt)
- und dem Kopf eines Engels (Luft).

In den elementaren Symbolen zu denken, ermöglicht ein neues Verstehen von Zusammenhängen in allen Lebens- und Wissensbereichen, quer durch Kulturen und Religionen.

In zahllosen Typologien begegnen wir dieser Vierteilung entsprechend den Qualitäten der Elemente wieder. (*Abbildung 1* listet einige Beispiele dafür auf.)

Am geläufigsten ist uns von ihnen wohl die Lehre der vier Temperamente, wie sie Hippokrates unterschieden hat. Daß der „geladene" Choleriker dem Feuertyp und der quicklebendige Sanguiniker dem Luftikus entspricht, ist wohl klar. Zumeist wird der Phlegmatiker dem Wasser und der Melancholiker der Erde zugeordnet. Der heutige Sprachgebrauch versteht jedoch unter dem Melancholiker eher den weinerlichen Schwermütigen, der „nahe am Wasser gebaut" hat, also leicht (an)gerührt ist, und unter dem Phlegmatiker den besonnen ruhigen Sicherheitsdenker, so daß er viel mehr dem Erdelement entspricht.

DIE 4 VERHALTENSDIMENSIONEN UND IHRE BEDEUTUNG IN DER FÜHRUNG

Element	Feuer	Wasser	Luft	Erde
Modell				
Temperamente nach Hippokrates	Choleriker	Melancholiker	Sanguiniker	Phlegmatiker
Unvollständige Kommunikation nach Virginia Satir	Angreifer	Beschwichtiger	Ablenker	Rationalisierer
Angstformen nach Fritz Riemann	hysterisch	depressiv	schizoid	zwanghaft
Psych. Typen nach C.G. Jung	Intuition + Fühlen	Wahrnehmen + Fühlen	Intuition + Denken	Wahrnehmen + Denken
Temperamente nach H.J. Eysenck	extravertiert/ instabil	introvertiert/ instabil	extravertiert stabil	introvertiert/ stabil
Persönlichkeitstypen nach W. M. Marston	Dominance dominant	Submission stetig	Inducement initiativ	Compliance gewissenhaft
Brain Dominance nach Ned Hermann	cerebral rechts aufbauend	limbisch rechts emotional	cerebral links analytisch	limbisch links kontrolliert
„Platin-Regel"	Direktor	Beziehungs -mensch	Unterhalter	Denker
Führungsqualitäten	Pionier Motivator Krisenmanager	Moderator Kooperator Coach	Kommunikator Innovator Changemanager	Planer Stratege Organisator
Führungsprobleme	Ungeduld	Konfliktscheu	Inkonsequenz	Unbeweglichkeit

Abbildung 1: Die 4 Verhaltensdimensionen und ihre Bedeutung in der Führung

Virginia Satir, die begnadete amerikanische Psychologin, von der die Gestalter des NLP (Neuro-Linguistischen Programmierens) sich so viel abgeschaut haben, nannte diese vier elementaren „Formen der unvollständigen Kommunikation“ den Angreifer (Feuer), den Beschwichtiger (Wasser), den Ablenker (Luft) und den Rationalisierer (Erde).[1]

Fritz Riemann, der sich als Psychoanalytiker und Therapeut sehr intensiv mit Symbolen und Bildersprachen beschäftigt hatte und aus dieser Beschäftigung auch eine der ernsthaftesten und empfehlenswertesten Auseinandersetzungen mit der Astrologie geschrieben hat,[2] beschreibt in seinem tiefenpsychologischen Standardwerk[3] die vier Grundformen der Angst als die hysterische (entsprechend der unkontrollierten Feuerenergie), die depressive (Wasser; das bestätigt übrigens auch die Zuordnung des Melancholikers zum Wasser), die Angstform des schizoiden Zerrissenseins (Luft, die überall ist und nirgends) sowie die Zwanghaftigkeit (Erde, am schönsten wohl dargestellt von Jack Nicholson in dem Film „Besser geht's nicht“).

Aus der Kombination von Fühlen und Denken mit Intuition und Wahrnehmen ergeben sich die vier elementaren psychologischen Typen des Carl Gustav Jung. Ähnlich aus der Verbindung von Extra- und Introversion mit Stabilität und Instabilität die vier Temperamente nach H. J. Eysenck.

Mit sogenannten „Insight“-Tests in Mode gekommen sind die Persönlichkeitstypen nach William Marston. Sie entprechen den vier Elementen sehr direkt, auch wenn die Titel mitunter sehr weit hergeholt werden mußten, damit sie das englisch-deutsche Merkwort DISC bzw. DISG halbwegs erfüllen: Die Feuerqualität wird hier Dominanz genannt, die Luftenergie Initiative (engl. inducement), die Qualität des Wassers Stetigkeit (im englischen Original submission, was am besten hier wohl als Einfügung übersetzt werden könnte), und die Erdenergie Gewissenhaftigkeit

---

1 Virginia Satir: „Kommunikation, Selbstwert, Kongruenz“, Paderborn 1990.
2 Fritz Riemann: „Lebenshilfe Astrologie“, München 1996.
3 Fritz Riemann: „Grundformen der Angst“, München 1986.

(das englische compliance trifft hier sogar schlechter zu als der deutsche Begriff).

Dieses Modell hat auch ein wenig den langjährigen Testhit des Brain-Dominance-Modells von Ned Hermann abgelöst. In ihm heißen die elementaren Verhaltensweisen aufbauend, emotional, analytisch und kontrolliert und werden in den Hirnhälften (links, rechts) und Gehirnteilen (Cerebral- und Limbisches System) lokalisiert. Das ergibt nach dem Ausfüllen umfangreicher Fragebogen recht eindrucksvolle Diagramme mit exakten Meßlinien, so daß mit diesen Bildern Links- und Rechtshirnbetonte gleichermaßen zufriedengestellt werden.

Typenlehren und Testmodelle gibt es sicher noch zuhauf. Die wesentlichen sind in der Tabelle zusammengestellt. Zuletzt dabei auch noch der Versuch zweier US-Autoren (Tony Alessandra und Michael J. O'Connor) durch die „Platin-Regel"[4] die Jahrtausende alte „Goldene Regel" des Zusammenlebens zu erweitern. Sie besagt ja bekanntlich – je nach Kultur, Religion oder Philosophie nur leicht variiert das gleiche:

- Im Christentum: „Alles, was du willst, daß die Menschen dir tun, das tue du ihnen zuvor."
- Im Judentum: „Was du nicht willst, daß andere dir zufügen, tue du auch ihnen nicht."
- Im Hinduismus: „Füge deinem Nachbarn nichts zu, was du nicht von ihm erdulden möchtest."
- Oder Konfuzius: „Verhalte dich andern gegenüber so, wie du von ihnen behandelt werden möchtest."
- Und nicht zu vergessen Kants „kategorischer Imperativ": „Handle so, daß die Maxime deines Willens jederzeit zugleich als Prinzip einer allgemeinen Gesetzgebung gelten könne."

Die „Platin-Regel" verlangt nun, jeden nicht so zu behandeln, wie man es mit sich selbst am liebsten hätte, sondern so, wie es seinem elementaren Naturell entspricht, weil man dadurch der

4 Tony Alessandra & Michael O'Connor: „Die Platin-Regel", Frankfurt 1997.

Versuchung entgehe, die eigenen Wertvorstellungen den anderen überzustülpen. Die dafür benutzten Werte- und Verhaltensmuster entsprechen wieder dem Führungsanspruch des Feuers als „Direktor", der Einfühlung des Wassers als „Beziehungsmensch", der Leichtigkeit der Luft als „Unterhalter" sowie der rigiden Gründlichkeit der Erde als „Denker".

Daß alle diese Modelle durchaus ihre Berechtigung haben, es sich aber dennoch lohnt, die ihnen zugrunde liegende Wirklichkeit zu suchen, das sagt wohl am schönsten die „Chinesische Legende", die Hermann Hesse 1959 in der „Neuen Zürcher Zeitung" erzählte:

Von Meng Hsiä wird berichtet:

Als ihm zu Ohren kam, daß neuerdings die jungen Künstler sich darin übten, auf dem Kopfe zu stehen, um eine neue Weise des Sehens zu erproben, unterzog Meng Hsiä sich sofort ebenfalls dieser Übung, und nachdem er es eine Weile damit probiert hatte, sagte er zu seinen Schülern: „Neu und schöner blickt die Welt mir ins Auge, wenn ich mich auf den Kopf stelle."

Dies sprach sich herum, und die Neuerer unter den jungen Künstlern rühmten sich dieser Bestätigung ihrer Versuche durch den alten Meister nicht wenig.

Da dieser als recht wortkarg bekannt war und seine Jünger mehr durch sein bloßes Dasein und Beispiel erzog als durch Lehren, wurde jeder seiner Aussprüche beachtet und weiter verbreitet.

Und nun wurde, bald nachdem jene Worte die Neuerer entzückt, viele Alte aber befremdet, ja erzürnt hatten, schon wieder ein Ausspruch von ihm bekannt. Er habe, so erzählte man, sich neuestens so geäußert:

„Wie gut, daß der Mensch zwei Beine hat! Das Stehen auf dem Kopf ist der Gesundheit nicht zuträglich, und wenn der auf dem Kopf Stehende sich wieder aufrichtet, dann blickt ihm, dem auf den Füßen Stehenden, die Welt doppelt schön ins Auge."

An diesen Worten des Meisters nahmen sowohl die jungen Kopfsteher, die sich von ihm verraten oder verspottet fühlten, wie auch die Mandarine großen Anstoß.

„Heute", so sagten die Mandarine, „behauptet Meng Hsiä dies und

morgen das Gegenteil. Es kann aber unmöglich zwei Wahrheiten geben. Wer mag den unklug gewordenen Alten da noch ernst nehmen?"

Dem Meister wurde hinterbracht, wie die Neuerer und wie die Mandarine über ihn redeten. Er lachte nur. Und da die Seinen ihn um eine Erklärung baten, sagte er:

„Es gibt die Wirklichkeit, Ihr Knaben, und an der ist nicht zu rütteln. Wahrheiten aber, nämlich in Worten ausgedrückte Meinungen über das Wirkliche, gibt es unzählige, und jede ist ebenso richtig, wie sie falsch ist."

Zu weiteren Erklärungen konnten ihn die Schüler, so sehr sie sich bemühten, nicht bewegen.[5]

Diese typologischen Modelle sind Landkarten für unterschiedliche Wanderer oder Verkehrsteilnehmer. So, wie in der einen Karte die Straßen und Autobahnen, in der anderen mehr die Bus- und Bahnlinien wichtig sind und in der dritten vor allem die Wanderwege, Höhenmeter und Schutzhütten eingezeichnet sind, so haben auch diese Modelle unterschiedliche Darstellungsweisen und Schwerpunkte. Die Landschaft ist immer dieselbe – zusammengesetzt aus den vier Elementen.

Wenn wir uns nun mit ihnen, also mit dem geologischen Untergrund, beschäftigen, bringt das noch eine zusätzliche Dimension. Typologien beschreiben und kategorisieren menschliche Verhaltensweisen. Das ist ihr Thema und ihre Dimension. Die Wirklichkeit dahinter, die wir in den Urprinzipien der vier Elemente erkennen können, bietet aber auch Verständnis für andere Themen und für Zusammenhänge darüber hinaus. Von ihnen nehmen wir nur die Schatten und ihr Zusammenspiel wahr, wie das bildhaft in seinem Höhlengleichnis Plato dargestellt hat:

In einer Höhle sind Menschen so an eine Mauer gekettet, daß sie immer nur auf die gegenüberliegende Wand sehen können. Oben hinter ihnen brennt ein Feuer, und auf einer Mauer zwischen ihnen und dem Feuer

5 Zitiert nach Hermann Hesse: „Legenden", Frankfurt a. M. 1983.

werden allerlei Dinge hin- und hergetragen. Sie sehen davon aber nur die Schatten an der Wand und verbinden diese auch mit den Stimmen und Geräuschen. Die Projektionen halten sie für die Wirklichkeit, verwechseln also das Bewirkte mit dem Wirkenden. Wenn man sie losbinden würde und sie sich umdrehen und in die Wirklichkeit schauen könnten, wären sie von dieser so schmerzhaft geblendet, daß sie sich lieber wieder mit den Schatten begnügen.

Die Archetypen oder Urprinzipien – wie etwa die vier Elemente – sind Verständnishilfen für diese Wirklichkeit. Ihr Zusammenspiel erleben wir in menschlichen Temperamenten und Verhaltensweisen, in betrieblichen Situationen und Prozessen sowie auf vielen anderen Projektionswänden. Wer die Prinzipien versteht, hat eine wesentlich vergrößerte Chance auf einen umfassenden, einen ganzheitlichen Blick auf jede dieser Spielflächen.

So wie technische Instrumente unser Wahrnehmungsfeld erweitern, damit wir auch Röntgen- und Radarwellen wahrnehmen können, damit wir fernsehen und telefonieren können *(siehe Abbildung 2)*, so kann auch das von Symbolverständnis getragene Denken in archetypischen Bildern unseren Horizont der Wirklichkeit beträchtlich vergrößern. Wir sehen mehr und denken schneller, weil wir gleichzeitig auf mehreren Ebenen wahrnehmen und zwischen diesen Ebenen Schlüsse ziehen können. Wir bekommen – zwar nach wie vor in Platons Höhle sitzend – ein Stück mehr Ahnung von der Wirklichkeit, die wir auf unseren Höhlenwänden des Alltags in vielen Schattenspielen erleben.

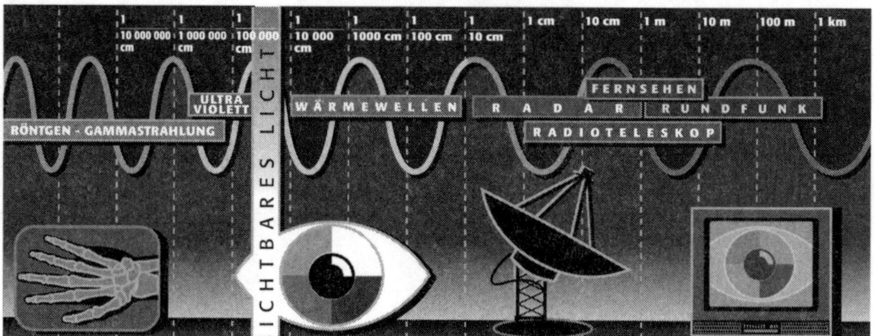

Abbildung 2: Das Spektrum von Wirklichkeit und Wahrnehmung

„Ganzheitlich“ heisst mit dem ganzen Gehirn

Können Sie rechnen, lesen und schreiben – also Ziffern und Buchstaben zu Zahlen und Sätzen verbinden? Und wie geht's Ihnen beim Zeichnen, also mit dem Gestalten von Bildern – aber auch mit dem Verstehen von Bildern?

Wenn Sie die zweite Frage nicht so positiv beantworten konnten wie die erste, dann ist das für die Fertigkeiten, die von Ihnen als Führungskraft verlangt werden, zumeist vermutlich kein Problem. Oder haben Sie schon einmal im Stellenangebot für eine gehobene Position in einem Wirtschaftsunternehmen die Frage nach den musischen Qualitäten gefunden?

Kreativität allerdings wird schon zusehends öfter als Managerqualität gesucht – von Headhunters, die nicht nach halben Köpfen jagen. Und immer öfter wird auch so etwas wie „ganzheitliches“ Denken erwartet. Sobald man dieses Modewort hinterfragt, bekommt man allerdings recht schwammige Antworten in Richtung „vernetzt“, „übergreifend“, „unternehmerisch“ ...

Nehmen wir doch dieses „ganzheitlich“ ganz einfach ein Stück wörtlicher: mit dem ganzen Hirn denken, nicht nur mit der linken Hälfte. Das rechte Hirn, das unter anderem fürs bildhafte Denken zuständig ist, nicht vernachlässigen, nicht verkümmern oder den Künstlern und „kreativen Spinnern“ überlassen.

Das uralte Wissen, daß wir mit zwei verschiedenen Erkenntnisweisen ausgestattet sind, begann in den vergangenen sechziger Jahren die Gehirnforschung neu zu entdecken. In der Form ähnlich einer Walnuß ist unser Gehirn in zwei Hälften geteilt. Daß die rechte und die linke Gehirnhälfte verschiedene Informationen unterschiedlich aufnehmen und verarbeiten, entdeckte man bei der operativen Behandlung von Epileptikern. Die epileptischen Anfälle konnten „geheilt“ werden, wenn man das Corpus Callosum, das ist der Verbindungsstrang zwischen den beiden Gehirnhälften, durchtrennte.

Der Preis dafür war allerdings überraschend: Wenn man dem solcherart Behandelten einen Gegenstand vor das Gesicht hielt und er diesen nur mit dem rechten Auge sehen konnte (welches an die linke Gehirnhälfte sendet), konnte er ihn benennen, wußte aber nicht, was man damit tun könnte. Sah er ihn nur mit dem linken Auge (welches an die rechte Gehirnhälfte berichtet), wußte er dieses Ding zu benutzen, konnte es aber nicht benennen.

„Die wichtigste Erkenntnis, die sich herauszukristallisieren scheint, ist, daß es anscheinend zwei Denkweisen gibt – die verbale und die nonverbale –, die weitgehend getrennt voneinander von der linken und der rechten Hemisphäre repräsentiert werden. Unser Bildungssystem wie auch unsere Wissenschaft allgemein neigen dazu, die nonverbale Form der Intelligenz zu vernachlässigen. Das hat zur Folge, daß die rechte Gehirnhälfte seitens unserer Gesellschaft diskriminiert wird." Das sagte Roger W. Sperry, der sich in der Split-brain-Forschung eingehend mit dem Phänomen der beiden Hirnhälften beschäftigte und das Bild der Polarität in unserem Gehirn wiederentdeckte *(siehe Abbildung 3).*

Sperys Schüler – vor allem Gazzaniga und Ornstein – führten die Forschungen weiter und popularisierten die Ergebnisse so, daß sie schnell zum halbverdauten, aber umso intensiver angewendeten Inhalt zahlloser Lehren und Seminare und zu technisierten Tests verarbeitet wurden. Diese leiden zumeist unter dem, was sie zu heilen vorgeben, indem sie mehr *bildhaft* Gemeintes *wörtlich* nehmen. Sie verarbeiten eben auch die neuen Erkenntnisse wieder nur mit dem halben, dem linken Hirn und tappen damit in die Falle, vor der sie selber warnen. (Es erinnert ein wenig an Karl Kraus' boshafte Bemerkung in Richtung Sigmund Freud: „Psychoanalyse ist die Krankheit, für deren Heilung sie sich hält.")

Fünfzehn Jahre nach seiner ersten Veröffentlichung versuchte Ornstein die Ergebnisse dieses „Stille-Post"-Prozesses wieder einzuholen.[6] Entstanden waren inzwischen daraus u. a. die „Brain-Dominance"-Profile sowie weitere Typologien und Schemata. Sie verhalten sich in ihrer Aussagekraft zum uralten Wissen über

---

6 Robert Ornstein: „Multimind", Paderborn 1989.

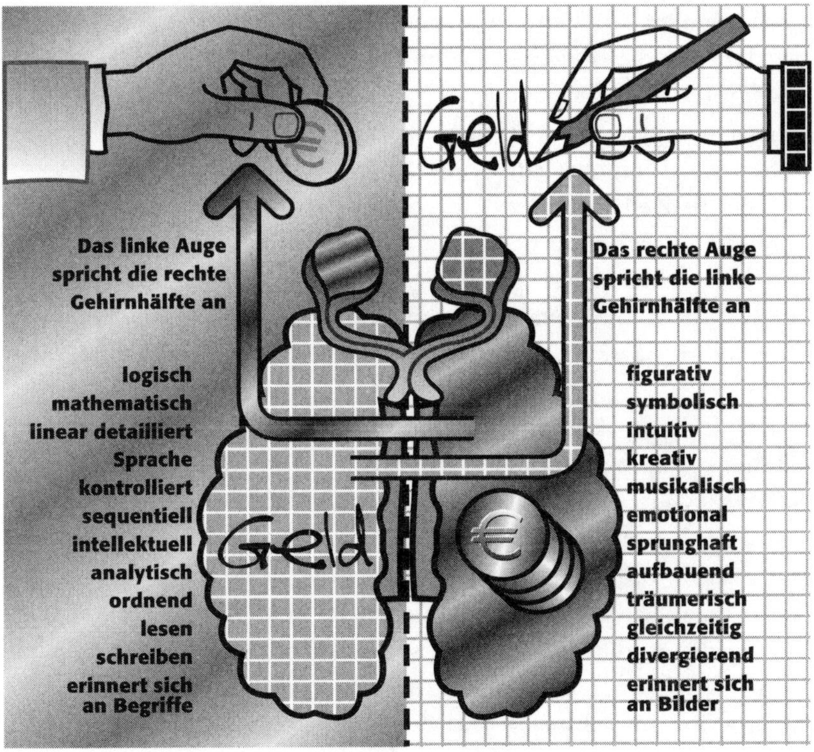

Abbildung 3: Das rechte und das linke Gehirn

Bilder und Mythen wie die durchaus brauchbare Computer-Graphik einer lächelnden Frau zu Leonardo da Vincis Original der Mona Lisa. Dafür befriedigen sie die linke Hirnhälfte, die sich mit Bildern eben so furchtbar schwer tut …

Ganzheitliches Denken sollte sich nicht mit der abgegriffenen Trivialität begnügen, daß alles irgendwie zusammenhängt und Manager daher „vernetzt" denken sollten. Es sollte zuallererst heißen, daß wir unser ganzes Gehirn benützen sollten. Damit verbinden wir bildhaftes mit verbalem, intuitives mit rationalem Erkennen und erweitern dadurch unseren Denk- und Erlebnishorizont ganz wesentlich.

Mit einem solchen Verständnis von ganzheitlichem Denken werden uns dann auch Zusammenhänge deutlich, für die immer wieder die Bildersprache der vier Elemente Grundlage in tausendfach nuanciertem Zusammenspiel ist.

Seit der Literarisierung unserer Gesellschaft – und die begann erst einige Zeit, nachdem Gutenberg dafür die technischen Möglichkeiten geschaffen hatte, mit dem allgemeinen Zugriff auf Gedrucktes – haben wir von einer Generation zur nächsten Schritt für Schritt das Verständnis für Bilder verloren und damit den Zugang zu Mythen, Märchen, Metaphern, Allegorien und Symbolen.

Ein Beispiel dafür ist der weithin eher peinliche Umgang mit bildhaften Symbolsprachen wie etwa der Alchemie, dem Tarot oder der Astrologie. Sie stoßen dort auf Ablehnung und Unverständnis, wo mit dem linken Hirn wörtlich genommen wird, was nur als Bild mit dem rechten Hirn zu verstehen ist; wo mit *kausalem* Denken (links) *analoge* Sinnzusammenhänge (rechts) mißverstanden und dann unnötigerweise kunstvoll widerlegt werden. So finde ich es z. B. immer rührend, wenn Physiker und Astronomen absolut schlüssig und durchaus überzeugend widerlegen, daß so ferne Planeten wie ein Saturn oder Pluto Einfluß auf irdisches Geschehen haben könnten – was ein halbwegs ernsthafter Astrologe ja auch nie behaupten würde. Allerdings verhält sich die Halbbildung der Vertreter esoterischer Disziplinen verkehrt proportional zur Lautstärke ihres Auftretens, so daß die Abwehrhaltung, die sie provozieren, Verständnis verdient.

Absicht dieses Buches ist es daher, in unserem Betrachten und Erleben von Management- und Führungsqualitäten diese beiden Sicht- und Denkweisen wieder ein Stück näher zusammen zu führen und damit für die Kluft zwischen kitschgefährdeten Esoterikern auf der einen Seite und technokratisch blockierten Intellektuellen auf der anderen eine Brücke anzubieten.

Bilder sind Verständnisbrücken

Wie Sprachen und die dazugehörige Schrift sind auch bildhafte Symbole in ihrem kulturellen Umfeld entstanden und daher von diesem geprägt. So gibt es in östlichen Kulturen fünf Elemente und in anderen sieben. Da kommen zu Feuer, Wasser, Luft und Erde noch Äther und Holz oder Metall dazu.

Für unsere abendländische Kultur ist jedoch das System der vier Elemente das prägende, auch wenn es immer wieder verlockend und spannend ist, sich mit ungewohnten Denkweisen aus fremden Kulturen zu beschäftigen, die intellektuell weniger verbildet sind. Doch daß sich exotische Denkmuster nicht beliebig transportieren lassen, sollten wir spätestens beim Versuch erkannt haben, japanische Managementmethoden auf europäische und amerikanische Unternehmen zu übertragen ... Bedeutung mögen die vier Elemente auch dadurch bekommen haben, daß diese vier Naturgewalten den Menschen vernichten können – als Feuersbrunst, als Überschwemmung, als Sturm oder als Erdbeben. Und sie geben ihm genauso die überlebensnotwendige Wärme, Feuchtigkeit, Atemluft und Nahrung.

Typologien, Kategorien, Metaphern sind nicht danach zu beurteilen, ob sie wahr sind, sondern danach, ob sie geeignet sind, Unterschiede und Gemeinsamkeiten zu verdeutlichen, Verständnis für Zusammenhänge und Gegensätze zu schaffen. Als Bilder sind sie jeweils eine von mehreren möglichen „Wahrheiten" für dahinter liegende „Wirklichkeiten", wie es Hesses lachender chinesischer Weiser sagte. Von Bedeutung ist, ob sie hilfreich und nützlich sind zur Orientierung in all den Projektionen auf Platons Höhlenwand.

Sie sind Wegweiser, nicht der Weg. Sie sind Landkarten, nicht das Land. Solchen Hilfsmitteln fehlt immer mindestens eine Dimension. Aber sie können jemandem helfen, sich in der Gegend zurechtzufinden.

So geben die in den vier Elementen verschlüsselten Qualitäten Orientierung für die Fähigkeiten, die eine Führungskraft braucht, um eben ganzheitlich führen zu können. Zum Beispiel:

- ❍ die Durchsetzungs- und Motivationskraft sowie die Handlungsstärke – versinnbildlicht in der Energie des *Feuers;*
- ❍ die Kooperations- und Integrationskraft sowie die Sensibilität – repräsentiert durch das *Wasser;*
- ❍ die Fähigkeiten von Intellekt, Phantasie und Visionskraft sowie Flexibilität – ensprechend dem Element *Luft;*
- ❍ die Organisations- und Planungsfähigkeit sowie die Verläßlichkeit – dargestellt durch das Element *Erde.*

Warum diese Fähigkeiten jeweils durch das genannte Element symbolisiert werden, kann der im bildhaften Denken Ungeübte nun anfangs nur glauben oder auch nicht. So ist es deshalb wohl zunächst notwendig, dieses Denksystem etwas näher anzusehen.

Daß bildhaftes Denken, auch analoges oder laterales Denken genannt, zu neuen Einsichten führt, beweisen die Kreativitäts- und Merktechniken. Sie bedienen sich dieser Methodik seit langem durchaus erfolgreich und verbinden so die in unserer Kultur vernachlässigte rechte, analog arbeitende Gehirnhälfte zur produktiven Arbeit mit der analytischen linken Hälfte.

Um das Verbinden beider Hirnhälften – der bildhaften, analogen rechten und der verbalen analytischen linken – als Erkenntniswerkzeug zu erlernen und zu trainieren, empfiehlt sich folgende Methode, die man in jeder Situation des Alltags praktizieren und üben kann:

1. Man stellt sich das Symbol so konkret und bildhaft wie nur möglich vor und beschreibt seine **Eigenschaften,** seine Wirkung und auch gefühlsmäßige Assoziationen, die einem dabei einfallen (z. B.: Feuer verbrennt, was ihm im Weg steht).
2. Man fragt sich: Welches **Prinzip,** welche Qualität steckt dahinter? Das führt auch zu den Archetypen, wie sie einst bei Platon und dann bei C. G. Jung hießen. Wichtig ist dabei das Bemühen, sich des Bewertens bestmöglich zu enthalten (z. B.: Durchsetzungsenergie).
3. Dann überträgt man die Beobachtungen, Gedanken und Assoziationen dazu auf das Thema, das man näher durchschauen, über das man ganzheitliche Erkenntnisse gewinnen will: seien

es die **Verhaltensweisen** eines Menschen, die Anforderungen einer Aufgabe, die Situation eines Unternehmens (z. B.: spontanes Handeln ohne Rücksichtnahmen, Krisenmanagement).

Beispiele dazu sind am Beginn jedes Abschnitts zu finden: zunächst in Tabellen, welche diese drei Schritte auflisten, dann auch noch in der einleitenden Beschreibung jedes Elements.

Solcherart aus sinnlichen Wahrnehmungen über symbolische Verständnisbrücken Zusammenhänge zu erkennen und Einsichten zu gewinnen – das ist die Fähigkeit, die bei der Wiedergewinnung und Entwicklung der heute notwendigen Führungskompetenzen dienen kann: Sensitivität und emotionale Intelligenz sind nicht durch Kopfnicken zu diesen Schlagworten erhältlich, sondern durch ganzheitliches Denken, das sich den Luxus leistet, beide Hirnhälften zu verknüpfen. Der Entwicklungsweg vom Gehirnbesitzer zum Gehirnbenützer wird so ein Stück einfacher.

Drei tägliche Schritte zum Erfolg

Bleiben wir zunächst noch kurz bei den Führungsqualitäten und -problemen, bei den Managementaufgaben und -chancen eines jeden Elements, und machen wir uns die drei Schritte bewußt, in denen Führungsverhalten wie jedes andere menschliche Verhalten in einem andauernden kybernetischen Regelkreis abläuft.

Das klarste Beispiel für einen solchen ist ein Thermostat: Dieser mißt die Temperatur (= Aufnahme, Wahrnehmung), vergleicht sie mit dem Sollwert (= Kontrolle, Verarbeitung) und reagiert auf dieses Ergebnis durch Ein- oder Ausschalten der Heizung (= Aktion, Handlung). Die sich daraufhin ergebende Temperatur wird neuerlich gemessen und so weiter.

Um den kybernetischen Regelkreis menschlichen Verhaltens zu beschreiben, nehmen wir als aktuelles und wohl schon jedem aus Surferlust und Absturzleid vertrautes Verständnisbild am besten den Computer:

Was als *Output* auf dem Bildschirm oder Drucker erscheint, braucht einen *Input* durch den Benutzer. Die logische Grundregel daraus heißt: „Garbage in – garbage out". Wer also Mist eingibt, kann nur Mist rauskriegen. Bis hierher sagt daher die beliebte Ausrede „Der blöde Computer ist schuld" vor allem über den etwas aus, der ihn bedient. Doch dazwischen gibt's noch eine mitunter schwer berechenbare und auch Computerfreaks mitunter zur Verzweiflung treibende Instanz: den Prozessor.

Auf menschliche Verhaltensweisen übertragen heißt dieser Dreischritt: Unser *Verhalten* – erlebbar als Handlungen oder auch Unterlassungen – ist das Ergebnis der *Verarbeitung* durch einen

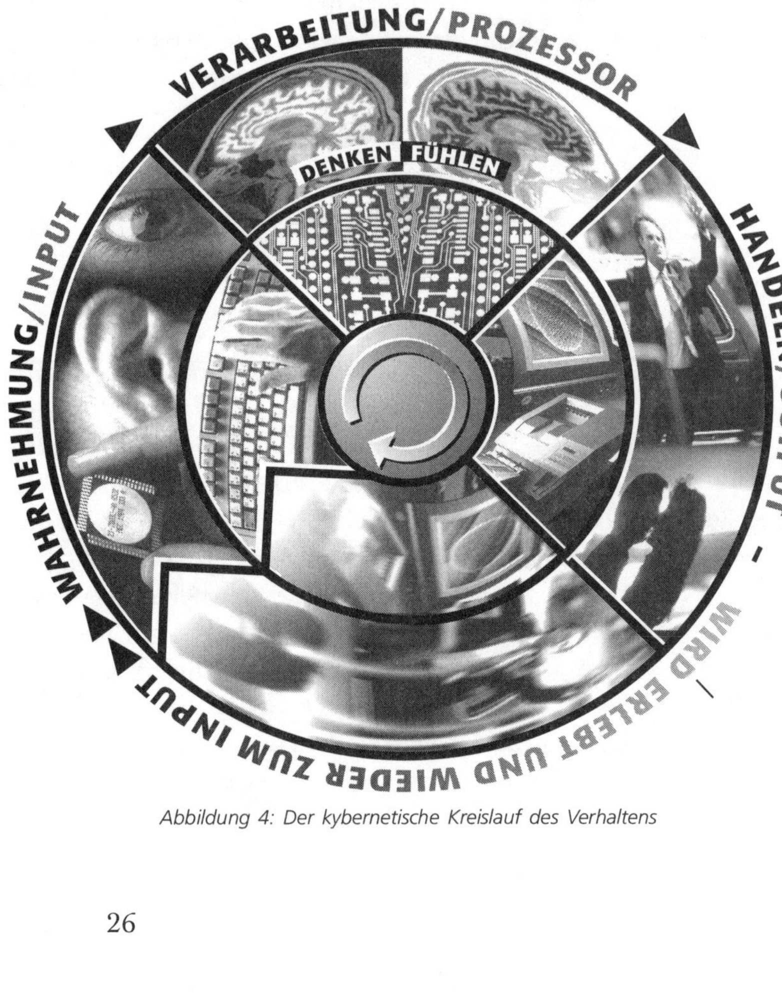

Abbildung 4: Der kybernetische Kreislauf des Verhaltens

Denk- oder auch Gefühlsprozeß. Dieser wiederum wird angeregt und ausgelöst durch unsere *Wahrnehmung.* Der Dreischritt Input – Prozessor – Output heißt also bezogen auf menschliches Verhalten: Wahrnehmung – Verarbeitung (Reflexion) – Handlung. Dann erst kommt der Erfolg – oder auch Mißerfolg. Diesen nehmen wir wiederum wahr (= neuerlicher Input), verarbeiten ihn als Motivation, Frustration, Bestätigung oder Anregung zur Änderung (= nächster Schritt im Prozessor), was wiederum zu neuen Aktionen führt (= Output).

Dieses kybernetische Modell menschlichen Handelns *(siehe Abbildung 4)* ist natürlich eine Banalisierung und Verkürzung komplexer biologischer Prozesse, psychischer Abläufe und sozialer Zusammenhänge. Als Reduktion menschlichen Verhaltens in einen technisch logischen Kreislauf scheint es in die Zeit der Maschinengläubigkeit zu passen, auf die wir bei der Betrachtung unserer Organisations-Bilder noch zurückkommen werden.

Wenn wir in diesen Kreis aber die Hoffnung auf Lernen in jedem neuen kybernetischen Durchlauf einbauen, dann wird er zur dynamischen Entwicklungsspirale. Sie erinnert eher an natürliche als an maschinelle Abläufe: Aussaat – Wachstum – Fruchtbildung und Ernte.

In diesem Kreislauf ist es von Bedeutung für das Ergebnis, ob Wahrnehmung, Verarbeitung und Handlung in der Qualität des Feuers oder des Wassers, der Luft oder der Erde stattfinden. Solche Mechanismen zu kennen, verschafft mehr Chance auf die bewußte Gestaltung der Prozeßschritte, wenn es die eigenen sind – und zumindest mehr Chance auf ihr Verständnis, wenn es die Schritte der anderen sind.

Wer also die patenten Gebrauchsanweisungen zum Erfolg sucht *(siehe Abbildung 5),* sollte erst seine Handlungsmuster selbstkritisch in Frage stellen und Wiederholungszwänge darin erkennen. „Erfahrungen“, so meinte ja Mark Twain dazu, „sind eine wunderbare Sache: Wir erkennen an ihnen jeden Fehler, wenn wir ihn aufs Neue begehen.“

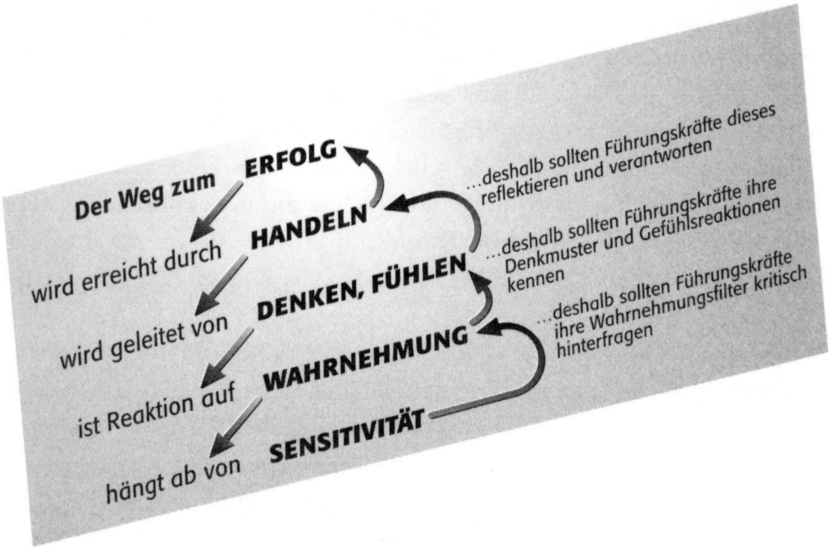

Abbildung 5: Der Weg vom Gespür zum Erfolg

Nachdem unsere Handlungen der Output, der Ausstoß unseres Prozessors sind, sollten wir zuerst diese unsere mentalen und emotionalen Speicherplatten zwecks Kennenlernens erforschen. Das heißt unsere Denk- und Fühlschablonen hinterfragen und nötigenfalls von eingeprägten Gravuren befreien. Vermutlich haben wir sie einst als Schalt- und Schutzmechanismen gebraucht, vielleicht sind sie aber für unsere derzeitige Situation nicht mehr notwendig oder sogar hinderlich. „Entlernen" von alten Mustern ist heute so oft gefragt – in unserem Verständnis von Arbeits- und Organisationsmustern ebenso wie in diesem höchst persönlichen Bereich der Denkmuster und Gefühlsschablonen.

Dann ist aber noch ein weiterer Schritt zurück zum Ursprung von Erfolg zu tun: zum Input, zu unseren Wahrnehmungsmustern und zur Erweiterung des Wahrnehmungsspektrums. Das Instrument dafür heißt Sensibilisierung – somit der Ursprung des Erfolgs. Sensibler werden für das breite Spektrum rund um den beruflichen Fachhorizont, aber auch rund um das, was sich als die allein erwiesene Schul- und Bildungsweisheit anbietet und so vieles darüber hinaus ausschließt. Empfindsamer werden auch für sogenannte Zufälle, sie als synchrone Abläufe und in ihnen analoge Zusammenhänge erkennen.

Erlernbar und trainierbar ist solches durch das bildhafte, analoge Denken, das ganzheitliche Denken mit beiden Hirnhälften – am schönsten und klarsten wohl an Hand der archaischen Bilder der vier Elemente. Wir werden uns bei jedem Element zunächst den Qualitäten widmen, die es bildhaft darstellt. Dann überlegen wir, was es heißt, wenn diese Qualität die Wahrnehmung, die Verarbeitung oder das Handeln einer Führungskraft prägt. Schließlich machen wir uns die Führungsthemen bewußt, in welchen diese Qualität ganz besonders gefordert ist und eingesetzt werden kann.

Wer in seiner eigenen Temperaments-Chemie die Verteilung der vier Elemente feststellen möchte, kann den folgenden Test zur Orientierung benutzen. Numerieren Sie dazu in jeder Zeile die vier Begriffe in der absteigenden Reihenfolge, in der sie am stärksten auf Sie zutreffen. Also 4 für die Eigenschaft, die Sie am ehesten für sich beanspruchen, und 1 für jene, die Ihnen am fernsten liegt.

Lassen Sie sich dabei nicht dadurch irritieren, daß es sich sehr oft um keine Alternativen oder Gegensätze handelt und daß Sie sich mit mehreren Begriffen sehr gut oder auch überhaupt nicht identifizieren können. Schreiben Sie also die Ziffern von 4 bis 1 so spontan wie möglich, ohne viel Grübeln und Rationalisieren in die Zeilen. Sie erhalten dann Ihr Selbstbild, in dem freilich auch Wunschdenken enthalten sein wird.

Deshalb kann es auch von Nutzen sein, einem Menschen, von dem Sie glauben, daß er sie recht gut kennen müßte, die andere Seite zum Ausfüllen zu geben. Bitten Sie ihn (oder sie), ebenfalls mit 4, 3, 2 und 1 in jeder Zeile die Eigenschaften zu numerieren, die er bzw. sie Ihnen am ehesten bis am wenigsten zuordnet. So erhalten Sie Ihre elementare Fremdbild-Chemie.

Freilich ist ein solcher Test eine Momentaufnahme und sollte als Anregung für die eigene Einschätzung und nicht als wissenschaftlicher Persönlichkeitstest verstanden werden. Nehmen Sie ihn als Spiel – und gerade aus Spielen läßt sich oft am leichtesten lernen und aufnehmen.

Wenn Sie nun die vier Rubriken senkrecht zusammenzählen, gibt Ihnen die erste über Ihre Feuer-, die zweite über Ihre Luft-, die dritte über Ihre Wasser- und die vierte über Ihre Erd-Energie Auskunft. Je höher die Ziffer in der jeweiligen Rubrik ist, desto stärker ist diese Energie im Zusammenspiel der Elemente Ihres Temperaments vertreten.

Welche Themen, Situationen und Verhaltensweisen Ihnen entsprechen, welche Ihnen weniger liegen und mit welchen Entwicklungsaufgaben das verbunden ist, erfahren Sie in den folgenden vier Abschnitten. Das spannungsreiche und ergänzende Zusammenspiel der Elemente, die Widersprüche, Reibungen und Synergien können und sollten Sie dann selbst für sich und im Gespräch mit Freunden, die Sie erleben, interpretieren.

Hier nur im voraus einige Hinweise, wenn das jeweilige Element bei Ihnen stark (mit über 50 Punkten) ausgeprägt ist:

Feuer

Sie übernehmen gerne Führung und Verantwortung und ergreifen die Initiative. Ihr großer Motivator ist der Wettbewerb und das Bedürfnis, besser, schneller, stärker, erfolgreicher als andere zu sein. Nach dem Motto: „Macht die Tür zu, ich will durch" suchen Sie daher sogar Widerstand oder bauen ihn sich auf, um ihn dann heldenhaft und auch nicht gerade sensibel für jene, die im Weg stehen, zu brechen. Hyperaktivität und Rastlosigkeit bringen die Gefahr des Ausbrennens, wenn Sie den Streß, den Sie sich ja nahezu lustvoll verschaffen, nicht körperlich abbauen und neue Energien auftanken.

Luft

Die wahren Abenteuer sind im Kopf. Dieses Motto gilt für die Luftikusse ganz besonders. Und vor so vielen möglichen Abenteuern und abenteuerlichen Möglichkeiten ist es schwer, sich für eins davon zu entscheiden. „Bis gestern hielt ich mich für unentschlossen. Heute bin ich mir da nicht mehr so sicher", meinte

WIE SCHÄTZEN SIE SICH EIN?

FEUER	LUFT	WASSER	ERDE
mutig	geistreich	einfühlsam	verantwortlich
willensstark	gebildet	intuitiv	beständig
egozentrisch	enthusiastisch	passiv	perfektionistisch
direkt	gesellig	geduldig	genau
Angeber	Besserwisser	Traumtänzer	Sturkopf
kühn	überzeugend	loyal	erkundend
Spontanität	Neugier	Mitgefühl	Sicherheit
herrisch	impulsiv	voraussagbar	diplomatisch
anspruchsvoll	emotional	teamfähig	systematisch
engagiert	schlagfertig	hilfsbereit	erfahren
energisch	selbstfordernd	gelassen	konventionell
umtriebig	beliebt	verträglich	sorgfältig
abenteuerlustig	einflußreich	selbstgefällig	gewissenhaft
erkämpfen	erlernen	erleben	erzielen
entschlossen	optimistisch	gutmütig	vorsichtig
hartnäckig	lebensfroh	entspannt	zielorientiert
konfliktbereit	ausweichend	beruhigend	vernünftig
ungeduldig	vielseitig	tiefschürfend	ausdauernd

Abbildung 6: Selbsttest

WIE SCHÄTZT MAN SIE EIN?

FEUER	LUFT	WASSER	ERDE
mutig	geistreich	einfühlsam	verantwortlich
willensstark	gebildet	intuitiv	beständig
egozentrisch	enthusiastisch	passiv	perfektionistisch
direkt	gesellig	geduldig	genau
Angeber	Besserwisser	Traumtänzer	Sturkopf
kühn	überzeugend	loyal	erkundend
Spontanität	Neugier	Mitgefühl	Sicherheit
herrisch	impulsiv	voraussagbar	diplomatisch
anspruchsvoll	emotional	teamfähig	systematisch
engagiert	schlagfertig	hilfsbereit	erfahren
energisch	selbstfordernd	gelassen	konventionell
umtriebig	beliebt	verträglich	sorgfältig
abenteuerlustig	einflußreich	selbstgefällig	gewissenhaft
erkämpfen	erlernen	erleben	erzielen
entschlossen	optimistisch	gutmütig	vorsichtig
hartnäckig	lebensfroh	entspannt	zielorientiert
konfliktbereit	ausweichend	beruhigend	vernünftig
ungeduldig	vielseitig	tiefschürfend	ausdauernd

Abbildung 7: Fremdbeurteilung

dazu einer Ihrer Artgenossen. Ihre Stärke liegt in der Vielfalt der Interessen und im distanzierten Überblick. Flexibilität sowie der gewandte und auch tolerante Umgang mit Ideen und mit Wissen sind Ihre besonderen Fähigkeiten, die Sie auch kontaktbereit und kommunikativ ausspielen. Manche in Ihrem Umfeld könnten dabei Verläßlichkeit und Konkretheit vermissen.

Wasser

Sie sind aufnahmebereit und empfänglich für jede Art von Wahrnehmung. Daher liegen Sie möglicherweise auch auf der „Beziehungslauer" und fühlen sich betroffen, wenn Sie gar nicht gemeint sind. Ihr Einfühlungsvermögen ermöglicht Ihnen das Verstehen der anderen, so daß vor lauter Zuhören die eigene Stimme schwer vernehmbar und noch schwerer durchsetzbar ist. Hilfsbereitschaft und Fürsorge sind Ihre besonderen Qualitäten. Die Fähigkeit, Sorgen und Kümmernisse der anderen aufzunehmen, kann auch die psychohygienisch bedeutsame Frage der Problem-Entsorgung mit sich bringen.

Erde

Ihre Stärke ist Planung und konsequentes Abarbeiten des Plans. Vereinbarungen mit Ihnen halten. Wer ein Organisationshandbuch, eine Gebrauchsanweisung oder auch überhaupt einen klaren strategischen Plan benötigt, der wendet sich am besten an Sie. Sicherheit, Klarheit und Berechenbarkeit sind Ihre Führungsqualitäten. Der Zufall und das Unvorhergesehene treffen dann halt besonders hart. Die Werte und Prinzipien, die Sie hochhalten, können andere als Sturheiten erleben. Ein kluges Gespür für das Unglaubwürdige und der spontane Mut zur Überraschung wären eine sinnvolle Erweiterung Ihrer Führungsqualitäten.

FEUER

Herausfordern – Durchsetzen – Motivieren

Ja ich weiß, woher ich stamme:
ungesättigt gleich der Flamme
glühe und verzehr' ich mich.
Glut wird alles, was ich fasse,
Kohle alles, was ich lasse:
Flamme bin ich sicherlich.

Friedrich Nietzsche

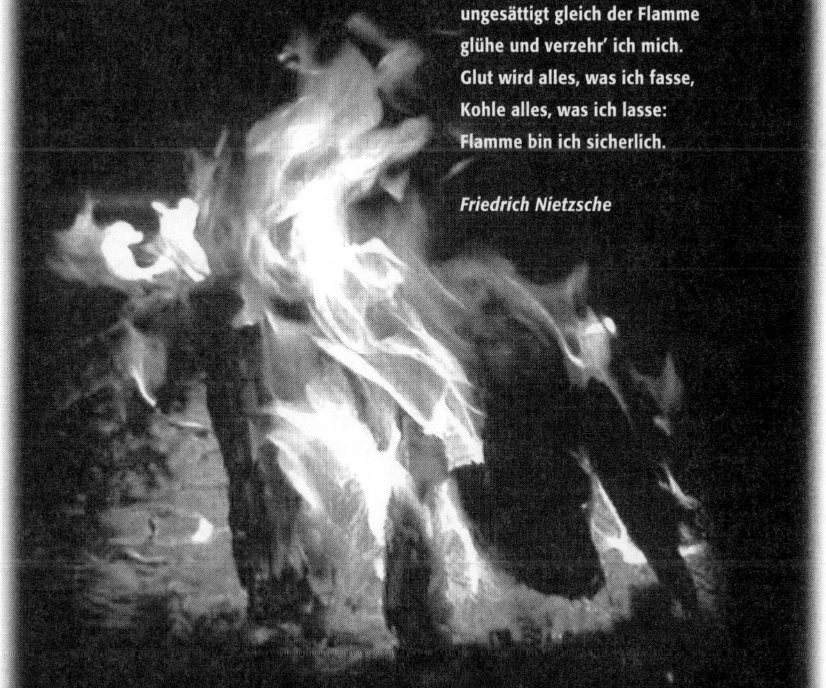

Das Element Feuer

bildhafter Eindruck	abstrakte Qualität	abgeleitete Verhaltens-Entsprechung
brennt nach oben	Aufwärts-Orientierung	Streben nach Führung, Karriere, Autorität, Machtstreben, Dominanz, Zielorientierung
verbrennt das Umfeld	Durchsetzung	Tatkraft, Rücksichtslosigkeit, Begeisterung, Aggression, benutzt andere, verändert
breitet sich aus	Expansion	Dynamik, Übergriff, Schnelligkeit, stellt Anforderungen, unbeständig, Extraversion
strahlt Hitze aus	Energie	Lebendigkeit, Ausstrahlung, energetisch, motivierend, Hektik, Chaos

Jedes der vier Elemente ist im Zusammenspiel mit den anderen notwendig zum Leben und Überleben des Menschen. Isoliert und ungebändigt wird es zur Bedrohung. Keines jedoch weckt solche archaischen Ängste wie das Feuer.

Feuer ist reine Energie, von allen Elementen am schwierigsten zu zähmen und zu beherrschen. Es hat keine vorbestimmbare Form, ist unruhig in dauernder Veränderung, im beständigen Drang, sich auszubreiten und daher schwer einzugrenzen. Wo es Brennmaterial hat, das es verzehren kann, breitet es sich aus, dabei in seiner Grundenergie immer nach oben gerichtet.

Aus sich selbst heraus kann Feuer nicht leben. Es benötigt Sauerstoff und Brennstoff, die beide benutzt und verbraucht werden. Sein Umfeld verändert es für längere Zeit spürbar und sichtbar. Nicht nur in der Alchemie ist es das reinigende Element, als solches dient es auch zur Desinfektion. Im Gegensatz zum Wasser reinigt es, indem es gründlich verändert. Ob in der Bibel von Johannes angekündigt, der bekanntlich noch mit Wasser taufte und von dem sprach, der das mit Feuer tun wird, oder in der indischen Mythologie von Agnis gebracht, dem Gott des Feuers und allen Anfangs – es ist der Stoff, der von Grund auf verändert. Und wer auch immer uns mit Höllenpein ängstigen will, der tut's nicht mit Szenarien aus Wasser, Luft oder Erde. Dort knistert das Feuer der Läuterung.

Feuer war schon immer das Machtinstrument der Götter und ihrer Priester. Gezähmt und gehütet wird das urmännliche, aggressive Element in Mythos und Geschichte nicht zufällig von weiblichen Wesen, etwa der Göttin Vesta und ihren Vestalinnen, von den Frauen am Herd, im Mutterschoß Erde. In dieser Form dann ermöglicht und fördert es Leben, bereitet den verbrannten Boden für Neues, bringt das Licht des Erkennens, die Bewegung des Fortschritts – als Herdfeuer, als Laserstrahl, im Verbrennungsmotor.

In der Praxis des symbolischen Denkens war dies nun Schritt eins: Beobachtung des Gegenstandes, aus dessen bildhaftem Erleben Erkenntnisse und Einsichten gewonnen werden sollen.

Freilich läßt sich dieser Schritt noch beliebig lange fortsetzen – solange eben Beobachtungsgabe und Sensibilität reichen, um weitere Details und Themen wahrzunehmen. (So läßt sich daran schon erkennen, daß die Sensitivität der Wahrnehmung wesentliche Voraussetzung für ganzheitliches Denken ist und daß ein Horizont, der über den fachlichen Tunnelblick des Spezialisten reicht, dafür bestimmt nicht abträglich ist.)

Daher nun der zweite Schritt: Welche Prinzipien, Eigenschaften, Qualitäten sind darin zu erkennen – um sie dann im dritten Schritt auf die ganzheitlich zu betrachtenden Themen umzulegen?

Es geht hier also um *Energie* und *Dynamik.* Die kann einerseits als *Aggressivität* erlebt und gefürchtet werden, andrerseits ermöglicht sie auch Leben und *Neues.*

- Die Führungsqualitäten, die diesem Element daher zuallererst entsprechen, sind Herausforderung, Handlungs- und Leistungsbereitschaft. Die „Lust an Leistung", wie man den Überbegriff der Naturgesetze der Führung auch nennen kann[7], ist das, was eine Führungskraft nicht nur einzubringen hat, sondern vor allem bei ihren Mitarbeitern auch ansprechen und anregen muß.

Unberechenbar ist die Bewegung des Feuers, ständig auf Expansion gerichtet mit vehementer Auftriebskraft.

- Auf Führungsverhalten übertragen, symbolisiert damit Feuer den Drang nach vorne und nach oben: *Zielstrebigkeit* und das Streben nach *Macht.* Der – und natürlich auch die – vom Element Feuer Bestimmte und Getriebene tut sich im Alltag schwer, sich in die Warteschlange an der Supermarktkasse einzuordnen oder sich auf der Karriereleiter mit einer der unteren Sprossen allzu lange zufrieden zu geben.

Das Bedürfnis, sich nicht eingrenzen zu lassen, wird gebremst durch die Abhängigkeit von Materie, die zum eigenen Bestehen

7 Felix von Cube: „Lust an Leistung", München 1998.

benutzt werden muß. Deshalb muß sich diese Energie ständig Material nutzbar machen, um selbst zu leben.

- Im Führungsverhalten heißt dieses Material „Human Resources". Es einzusetzen, ist Führungsarbeit – je nach Führungsstil durch Anordnungen mit Kontrolle, flankiert von Verlockungen und Drohungen (gerne *Motivation* genannt) oder durch überlegtes und gezieltes *Delegieren* zur Entwicklung der Mitarbeiter und des Unternehmens.

Veränderung der Umwelt, ohne auf jede Einzelheit Bedacht und Rücksicht zu nehmen, schafft Raum und Voraussetzung für das Wachstum von Neuem.

- Das rasche Durchziehen von Veränderungen, auch in der Form des sogenannten *Krisenmanagements,* ist die Führungsqualität, welche diesem Aspekt des Elements Feuer entspricht.

So wird in diesen Schritten des symbolischen Denkens bildhaft deutlich, was einen Menschen und eben vor allem eine Führungskraft, kennzeichnet, wenn dieses Element dominierender Verhaltenshintergrund ist. Daher nennt ihn der Volksmund auch gern einen Hitzkopf oder Heißläufer, der schnell für etwas Feuer und Flamme ist. Seine Qualitäten liegen in der Lehre des Feuerelements: *Herausfordern, Autorität* (oder auch autoritär) sein, *Bereitschaft zum Führen, Spontanität* und *Antriebskraft* mit *Mut zum Risiko* und zur *Konfrontation.*

Je nach typologischem Modell, das man benutzt, findet man dieses Verhaltensmuster als Choleriker (nach Hippokrates' Temperamentslehre), Angreifer (nach Virginia Satirs unvollständigen Formen der Kommunikation), Hysteriker (in Fritz Riemanns Grundformen der Angst), als extravertiert-instabil (H.J. Eysencks Temperamente-System). Freilich ist es – wie jedes andere auch – in „freier Wildbahn" nur selten in Reinkultur, ansonsten in mehr oder weniger auffälliger Mischform anzutreffen.

Von dieser Qualität geprägte Prozesse erleben wir als Konflikt, Krise, Umbruch, Erneuerung. Sie bewirken eher Revolution als

Evolution. Unternehmen, welche diese Qualität darstellen und nutzen, sind expansive, aufstrebende Pionierunternehmen, wettbewerbsorientiert mit Hardselling, Hire-and-Fire-Personalmanagement. So schnell wie sie gekommen sind, sind sie auch wieder weg vom Showfenster des Erfolgs, wenn sie nicht rechtzeitig die Qualitäten anderer Elemente dazuentwickeln.

Die Trilogie des Feuers

Wie und was nimmt die Führungskraft mit Feuerdominanz wahr? Wie und in welchen Prozessen steuert sie aus, verarbeitet sie, reflektiert sie? Wie und mit welchem Verhalten agiert sie daher? Wofür ist das geeignet und wofür sind welche anderen elementaren Qualitäten zur Korrektur, zum Ausgleich nötig?

1. Die *Wahrnehmung* nach Art des Feuerelements ist spontan reizorientiert. Der „Beißreiz" muß angesprochen werden, damit Dinge bedeutsam sind. Gesucht und wahrgenommen werden vor allem Chancen, sich im Wettbewerb durchzusetzen – nötigenfalls auch gegen Konkurrenten, die gar keine Gegner sind. Nur Prozesse, in denen er auch aktiv werden kann, interessieren den Feuertyp. Drum ist er nicht der, der über das Wetter und den schwierigen Markt jammert, sondern der, der die Chancen sucht und schnell wahrnimmt, auch wenn sie mit Risiko verbunden sind.
2. So ist natürlich auch die *Verarbeitung* in seinem mentalen Prozessor impulsiv auf Siegen und Besiegen bedacht. Ein fairer Platz im Mittelfeld mit „Me-too"-Produkten interessiert ihn nicht. Er sucht das Neue, mit dem er sich an die Spitze setzen kann. Was er wahrnimmt, überprüft er darauf, ob es sich zu einem Wettbewerbsvorteil verarbeiten läßt. „Größer, besser, schneller als die anderen" ist sein Leitmotiv. Es ist das Denk- und Handlungsmuster, das vor allem in den Erfolgshandbüchern für Verkäufer angepriesen wird. Daß die dazu passenden

Power-Seminare gerne den Feuerlauf als Highlight dazu anbieten, ist ja sehr stimmig.

3. Handeln ist das, wovor der Feuertyp keine Scheu hat und womit er daher oft schon vor dem Zielen beginnt. Als Chef entscheidet er und ordnet an. Wenn Führungsseminare dann in ihm den Gewissenswurm geweckt haben, lädt er zumindest im Nachhinein die Mitarbeiter ein, im Strategie-Workshop seine Entscheidungen und Aktionen zu rationalisieren und mit schadensbegrenzenden Detailplänen zu versehen. „Ich hab' zwar keine Ahnung, wo ich hinfahr', aber dafür bin ich g'schwinder dort“, sang Helmut Qualtinger über ihn. Die Schattenseite der Entscheidungs- und Handlungsstärke kann Aktionismus sein, in dem der Hitzkopf dann auch ausbrennen kann, weil er zu viele „heiße Kartoffeln“ auf einmal in der Hand hält.

Sein inneres Feuer drängt ihn voran mit der Zielrichtung oben. Der Zwischenruf „nur über meine Leiche“ ist für ihn kein Haltesignal, sondern eine Etappeninformation auf dem Weg nach vorn und nach oben. Auf diesem Weg geht er, bis sich ihm Widerstand entgegenstellt, an dem er sich immer aufs Neue entzündet oder der ihn auch eingrenzt und in Schranken weist.

„Macht die Tür zu, ich will durch!“ wäre das karikierte Lebensmotto, denn er sucht die Herausforderung und nicht die ausgetretenen Pfade der offenen Türen.

„Alle sind gleich – unter meiner Führung“, kennzeichnet sein Verständnis von Demokratie und Zusammenarbeit. Von einem Manager hörte ich in einem Seminarspiel, in dem zur erfolgreichen Aufgabenlösung die motivierende Einbindung aller Beteiligten notwendig war, die schönste Definition von Zusammenarbeit im Verständnis des Feuer-Typs: „Die kooperieren nicht – die tun nicht, was ich ihnen sage!“

Herausforderung – Widerstand – Wettbewerb. Das ist die Trilogie von Wahrnehmung, Verarbeitung und Verhalten in der Welt des Feuers. Wachsam bis lauernd erkennt – oder eher noch: wittert – dieser Typus die Gegner und die Schuldigen – auch dort, wo gar keine sind. Sprungbereites Mißtrauen ist die daraus leicht entstehende Grundstimmung. Sein Wahrnehmungsradar schlägt Alarm, wenn es einen Eindringling in sein Territorium meldet oder auch „Brennmaterial" aufspürt, das ihm nützlich sein kann.

Die Führungsqualität, die durch dieses Element gekennzeichnet und repräsentiert wird, ist die Bereitschaft zur Durchsetzung. Dieser Wille zur Macht wird auch etwas schüchterner Dominanzstreben genannt. Das mag man nun angenehm oder bedrohlich finden, moralisch verwerflich oder erstrebenswert sehen – die Biographien erfolgreicher Führungskräfte belegen es in beliebiger Anzahl: Der Wille zur Macht, somit das Bedürfnis über andere Menschen zu verfügen, ist bei Führungskräften der oberen Kategorien mindestens so groß wie der Wille zur Leistung.

Das spricht nicht gegen die Leistungsbereitschaft und -fähigkeit des Topmanagers, sondern unterscheidet ihn vom Fachspezialisten, dem eben Leistung wichtiger ist als Macht und Durchsetzung. Daß diese feurige Grundqualität durchaus nicht zum Schaden des „benutzten" Brennmaterials ist, erlebte ich außerhalb des Firmenalltags am Vorstandsvorsitzenden eines sehr erfolgreichen Produktionsunternehmens:

Um eine Sozial- und Bildungsaktivität zu fördern und zu planen, lud er die dafür notwendigen Kulturträger der Stadt aus Medien, Politik und Universität zu einem Diner in seine Villa ein. Sein Butler (ein solcher ist für einen echten Feuertyp zwar keine Herausforderung, aber im Alltag praktischer, weil widerstandsfreier zu handhaben als eine Haus- und Ehefrau, von der er daher auch schon getrennt war) führte die Gäste jedoch weder in den Speisesalon, noch in den Garten zum Cocktail, sondern in die Küche. Dort schmeckte der Gastgeber – leidenschaftlicher Hobbykoch – gerade die Suppe ab, erklärte dem Chefredakteur, wie er (erst-

mals in seinem Leben) zu rühren habe, damit das vom Universitätsrektor eingegossene Öl zur optimalen Mayonnaise gerate. Die noch unbeschäftigten und über die bisher brachgelegenen Fertigkeiten ihrer Männer staunenden Begleiterinnen erinnerte er an ihre Fähigkeiten im Tischdecken und Serviettenfalten. Zur Animation fehlte es freilich auch nicht an Champagner und Cocktails, die sich jeder mixen oder auch vom Butler servieren lassen konnte.

Es wurde ein bewegter, lebendiger Abend, an dem jeder vom ersten Moment an beschäftigt war, aktiviert und auch für gemeinsam geplante Aktivität motiviert wurde. Es kann nämlich ganz gewaltigen Spaß machen, von einem feurigen Macher „eingekocht" zu werden und dabei noch selbst Hand anzulegen beim Umrühren in dem Kochtopf, in dem man womöglich selbst sitzt.

Für jemanden mit ausgeprägter Feuerqualität ist es kein Problem, sondern eher motivierend bis lustspendend, andere zu beschäftigen. Und wenn er das mit seiner selbstverständlichen Autorität tut, steckt er seine „Opfer" auch noch mit seiner Begeisterung an.

„Flow" aus Lust an Leistung

Hektik, Tempojagd und das Recht des Schnelleren, das wir als eine vermeintliche Fortentwicklung des Rechts des Stärkeren hochhalten, ist die Feuerseite in unserem beruflichen und wirtschaftlichen Umfeld, die heute Hochkonjunktur hat. Die andere Seite ist uns im Streben nach Wohlstand und Bequemlichkeit etwas abhanden gekommen: Leistung – auch durch Anstrengung – als menschliches Bedürfnis zu sehen. Die Führungsqualität des Feuers ist es, diese Lust an Leistung anzusprechen und herauszufordern.

Zum „Arbeitskampf", in dem sich Unternehmer und Arbeiter als Ausbeuter und Ausgebeutete gegenüberstehen, führte wohl auch die Überzeugung, daß Arbeit ein Übel sei. Dieses müsse für den Arbeitgeber als Kostenfaktor möglichst vermieden, für den Arbeitnehmer als Energieabgabe möglichst teuer verkauft werden. Das Wirtschaftsmodell des Taylorismus (ich komme beim Erdelement und den damit verbundenen Fragen der Organisation darauf zurück) bestätigte und verfestigte diese Sicht. Der Mensch wurde zur Produktionsmaschine reduziert. Anstrengung, die Lust verschaffen soll, wurde in die Freizeit verschoben. „Arbeit ist das, was keine Freude macht" war (angeblich laut Bert Brecht) die zynische Kürzestdefinition. Die Energie des Feuers wurde frei für den Arbeitskampf.

Mir ist schon klar, daß darin eine gewagte Verkürzung höchst diffiziler sozialer Themen steckt, doch gerade in der kapitalistischen Weiterführung dieses Modells lag die Irreführung, die Trennung von Arbeit als Übel und Freizeit als lustvolle Belohnung aufrecht zu erhalten und zu verstärken. Die Arbeit wurde zu einer zu vermeidenden Qual, die Freizeit zur Ersatzbefriedigung der Verwöhnung.

Der amerikanisch-ungarische Psychologe Mihaly Csikszentmihalyi beschreibt für seine „Psychologie für das 3. Jahrtausend"[8] einen Zustand, den er „Flow" nennt. Er ist das befriedigende Erleben der inneren Energieströme, wenn Leistungsfähigkeit und Herausforderung im gleichen Ausmaß angesprochen werden. Nimmt die Leistungsfähigkeit zu, ohne gezielt mit neuen, größeren Aufgaben gefordert zu werden, entstehen Routine, Arbeit nach Vorschrift, Langeweile. Wird der Druck der Herausforderung erhöht, ohne daß die Leistungsfähigkeit entwickelt wird, sind Vermeidung, Ausweichen, Angst die Folgen. *(siehe Abbildung 8)*

„Flow", das beglückende Gefühl aus der Befriedigung des Leistungstriebes, entsteht in diesem Flußbett der Energie. Führungsaufgabe ist es, diesen Lavastrom der Lust an Leistung am Fließen

---

8 Mihaly Csikszentmihalyi: „Dem Sinn des Lebens eine Zukunft geben", Stuttgart 1995, und „Flow – Das Geheimnis des Glücks", Stuttgart 1992.

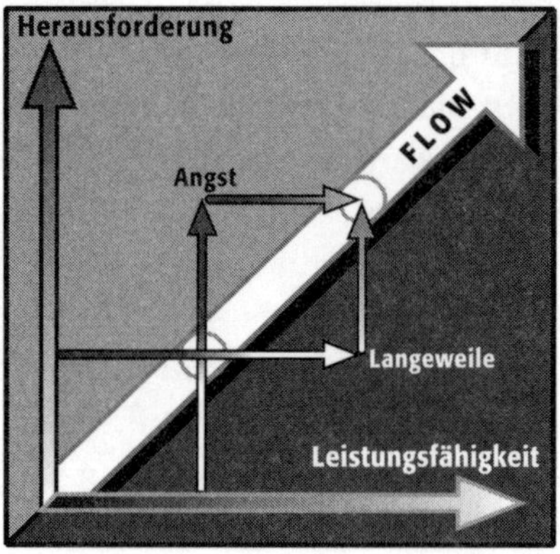

Abbildung 8: „Flow" zwischen Herausforderung und Vertrauen

zu halten. Dazu hat sich die Führungskraft immer wieder zwei Fragen zu stellen:

❍ Welche ist die nächste, passende Herausforderung an neuen Aufgaben, an zusätzlichen Freiräumen für den Mitarbeiter?
  ➠ Job-Enrichment, Job-Enlargement, Job-Rotation sind die Stichworte und Anregungen dazu.
❍ Wie kann ich unterstützend absichern, daß der Mitarbeiter dieser Herausforderung auch gewachsen ist?
  ➠ Coaching ist dazu die Handlungsanweisung, auf die wir im nächsten Abschnitt (bei den Führungsqualitäten des Wassers) zu sprechen kommen.

In einem solchen Gleichgewicht heißt fordern nicht Druck machen, sondern ermutigen – und heißt absichern nicht verwöhnen, sondern Vertrauen schaffen.

Leistungsbedürfnis und Dominanzstreben sind gesellschaftlich anerkannte Ausdrucksformen des Aggressionstriebes und somit des Feuerelements in uns. Freilich klingt es ehrenhafter, wenn Forscher und Wissenschafter, Politiker und Manager ihre Aktivitäten mit Dienst am Gemeinwohl oder einem sonstigen ehrenwerten Anliegen begründen und Titel, Ehren, Geld und Orden als nette, angenehme Begleiterscheinungen hinnehmen. Mit dem

Aggressionstrieb haben wir offensichtlich ein enormes Imageproblem. Bei keinem anderen Trieb – vielleicht noch bei der Sexualität? – wird so viel geheuchelt wie bei diesem. Aggressiv sein heißt dabei in der ursprünglichen Bedeutung des Wortes (*aggredi* = heranschreiten) „auf ein Ziel losgehen ohne unangebrachtes Zögern, Zweifel oder Furcht".[9]

Jede Anerkennung ist auch eine Bestätigung eines Sieges, sei es über einen anderen, sei es der Sieg über eine Herausforderung. Anerkennung hegt und pflegt das Feuer in uns. Jemandem Anerkennung geben heißt daher sein Feuer anfachen.

Du kannst – so sagt eine Grundregel der Überzeugungskunst – jemanden nur mit dem entflammen, was in dir brennt. Daher ist die Feuerqualität notwendig als Grundlage der Motivation. Die Fähigkeit, sich selbst und andere zu begeistern, ist Ausdruck des Feuerelements in einer Führungskraft. Freilich fragt Feuer den anderen nicht, ob er auch gern brennen möchte. Es nimmt sich seinen Raum – wer was dagegen hat, soll es halt sagen, und wer nichts sagt, ist selber schuld. „Lieber ab und zu um Entschuldigung bitten, als ständig auf Erlaubnis warten" ist auch sicher ein brauchbares Motto fürs Vorwärtskommen.

Feuer ist nicht das Element, das Rücksicht nimmt und um Erlaubnis fragt – allerdings auch nicht gern um Entschuldigung oder um sonst etwas bittet. Es holt sich, was es braucht und ist auch überzeugt, daß es ihm zusteht. Wer sich ihm entgegenstellen will, der muß schon bereit sein zu Widerstand und Konfrontation.

Mut zum Konflikt

Ein Zeichen der Verweichlichungs-Gesellschaft ist auch die mangelnde Bereitschaft zur Konfrontation. Mit Höflichkeiten getarnte Scheinharmonie wird der Anstrengung und dem Risiko der

9 Erich Fromm: „Anatomie der menschlichen Destruktivität", Stuttgart 1974.

Konfrontation vorgezogen. Unbearbeitete Konflikte schwelen als verdeckte Dauerbrände und manifestieren sich in Jammerkultur, Fluktuation und Intrigen, die zum Mobbing ausarten. Feuerqualität leben heißt vor allem für Führungskräfte, ihre Aggressionsenergien in Leistungsenergien verwandeln – und das geht nicht mit harmonisierender Konfliktvermeidung.

Ein Konflikt (lat. *confligere* = zusammenbringen, vereinigen aneinandergeraten) ist zunächst das Vorhandensein von zwei oder mehreren Meinungen, Sichtweisen, Absichten, Interessen, Trieben oder Wünschen, die zueinander in Widerspruch stehen. Dazu braucht man nicht einmal eine zweite Person. So unterscheidet man auch intra-personelle Konflikte: „Morgenlauf oder doch noch eine Stunde im Bett?" – und inter-personelle: „Meine Meinung und die falsche Meinung des Partners."

Leben heißt in Konflikten leben. Wenn wir einmal keine Konflikte mehr haben, lächeln wir wohl Harfe spielend trieblos, wunschlos, arglos von eine Wolke auf die Welt hernieder, die da noch in Konflikten verfangen ist. „Das Arge des Konflikts ist unvergleichbar mit der Arglist einer Welt ohne Konflikte. Ohne Konflikte sind wir wahllos, verantwortungslos, und unser Leben wäre determinisierend programmiert ... Leben und bewußte Entwicklung als einzigartige Menschen hängen von dem wandelnden Gelingen, den Krisen und Konflikten mit uns, mit anderen, mit unserer Umwelt ab."[10]

Es geht also zuallererst nicht darum, Konflikte zu vermeiden, sondern sie zu erkennen, zu akzeptieren und zu bearbeiten. Der schnellste Weg zum Konsens ist der Kompromiß, der sich in den meisten Fällen sein schmückendes Beiwort „faul" auch doppelt verdient. Er ist nämlich das Ergebnis der Trägheit, sich die Arbeit der Konfrontation ersparen zu wollen. Freilich gibt es alltäglich die Konfliktsituationen, in denen Umstände aus Zeit(-druck) und Raum (Umstehende, die nicht Konfrontationszeugen sein müssen) den Kompromiß zum besten Mittel für den Moment und für die Situation machen. Er eignet sich da durchaus als Behelfs-

---

10 Waldefried Pechtl: „Zwischen Organismus und Organisation", Linz 1989.

brücke, über die man kurze Zeit passabel einander begegnen kann.

Provisorien tendieren freilich dazu, Dauereinrichtungen zu werden. Wirklich zufrieden ist man mit ihnen ganz selten auf Dauer. Und oft genug weiß man von ihnen auch nicht mehr so recht, ob sie einen wirklich nicht stören oder ob man sich bloß so dran gewöhnt hat.

Hier ist die Ehrlichkeit zu sich selbst gefragt, die kritische Befragung des eigenen Gefühls. Schenkt es dem „Mir macht's ja nichts" des bequemen Verstandes wirklich Glauben? Oder ist ganz einfach wieder das alte, ständig neu aufgelegte Spiel gelaufen: Du sagst fünf, ich möchte zehn, also einigen wir uns auf sieben komma fünf. Die Rabattmarke im Wert von zwei komma fünf (plus Zinsen) wird fein säuberlich geklebt und aufgehoben, um bei der nächsten Konfliktsituation eingelöst zu werden.

Einigung oder Zweinigung

Der dauerhafte Konsens ist nur durch die Bereitschaft zur Konfrontation erreichbar. Einander näher kommen kann man sich nur, wenn man das Visier hochklappt und den Panzer der Gleichgültigkeit ablegt. Dabei geht's freilich nicht ums Rechthaben, sondern ums offene Nebeneinanderlegen der unterschiedlichen Meinungen, Wünsche und Sichtweisen. Die des anderen zu akzeptieren, heißt ja nicht, sie als die eigene annehmen, sondern zunächst an ihr interessiert sein.

Die dafür notwendige Gesprächstechnik der „Ich-Botschaften" wird später bei der konfrontierenden Seite des Coaching näher erläutert. Napoleon sagte angeblich dazu: „Nicht diejenigen sind zu fürchten, die anderer Meinung sind, sondern diejenigen, die eine andere Meinung haben und zu feige sind, sie zu sagen."

Garantieschein zur Einigung ist die Konfrontation natürlich keine. Daß es auf der Welt irgendwo Garantiescheine gäbe, ist vielleicht überhaupt nur die große Illusion, von der die Zunft der Versicherer lebt. „Seien wir doch ehrlich: Leben ist immer lebensgefährlich", reimte Erich Kästner und meinte damit wohl das Leben in Konflikten. Ein anderes gibt's ja ohnehin nicht.

Die Chance auf einen Konsens in der Form einer dauerhaften Einigung steigt jedoch beträchtlich mit drei Konfliktwerkzeugen:

- **vorurteilsfreies Interesse** an der anderen Meinung,
- gepaart mit der **Kunst des Zuhörens** und
- der Gesprächstechnik der **Ich-Botschaften.**

Konsens kann aber auch bedeuten: sich einig werden, daß man darüber keine gemeinsame Sichtweise erzielen kann und möglicherweise auch gar nicht will. Wenn jedoch nicht beide Meinungen in Handlung umgesetzt werden können, wird eine durchgesetzt. Hier hat auch Hierarchie ihre notwendige und berechtigte Funktion zur Vermeidung von Pattstellungen. Hier ist auch das klare Machtwort befreiender als die Paralyse durch Demokratisierung als Fluchtrevier der Entscheidungsvermeider.

„Let's agree to differ", sagen dazu die Engländer, und die deutsche Trainerin und Autorin Vera Birkenbihl hat dafür das Wort „Zweinigung" kreiert. Das meint zweierlei. Erstens: Wir sehen das auch weiterhin unterschiedlich. Zweitens: Wir akzeptieren und achten einander als Menschen mit unterschiedlicher Meinung. „Dieser zweite Teil", meint die kreative Wortschöpferin, „ist sehr wichtig, weil wir (insbesondere in Deutschland) eher dazu neigen, unsere Meinung mit unserer Person zu verwechseln. Nach dem Motto: Wer meine Meinung nicht teilt, lehnt mich als Person ab."[11]

Die für Zusammenleben und Kommunikation wesentliche Grundforderung der unbedingten Wertschätzung, also der Achtung von Menschen, die nicht an Leistungen, Meinungen oder sonstige Bedingungen geknüpft ist, impliziert ja nicht den unmenschlichen Zwang, daß jeder mit jedem zusammenarbeiten oder -leben können müßte. Es gibt Differenzen, die nicht weg-

11 Vera Birkenbihl: „Kommunikationstraining", Landsberg 1986.

zudiskutieren und auch nicht wegzukonfrontieren sind. Sie sind als solche zu akzeptieren, aber auch in Entscheidungen umzusetzen – in betriebliche und auch in persönliche.

Diesen Teil der Konflikttheorie möchte ich in die Niederungen des betrieblichen Alltags mit einem Beispiel aus meinem eigenen Managerleben holen. An ihm möchte ich deutlich machen, was Zweinigung heißen kann und wohin sie langfristig auch führen soll, wenn sie wiederholt das Konsens-Ergebnis eines konfrontierten Konflikts ist:

In relativ jungen Jahren – ich war Anfang bis Mitte dreißig – war ich für die Marketingleitung eines größeren Dienstleistungsunternehmens zuständig. Mein Marketing-Konzept sah die Expansion mit Filialen in Ballungszentren außerhalb der Hauptstädte vor. Dort gab es ungesättigte Märkte. Dem Verdrängungswettkampf in den Landesmetropolen ordnete ich zweite Priorität zu. Mein Generaldirektor sah das anders, nämlich genau umgekehrt: Erst Demonstration unserer (durch staatliche Beteiligung gestützten) Macht mittels Investitionen in den Revieren der Mitbewerber, dann erst Expansion in die regionalen Zentren. Wir diskutierten heftig, argumentierten engagiert und kamen zu keiner Einigung. Statt dessen gab's das Machtwort des hierarchisch höheren Konfliktpartners. Der muß sich ja letztlich im Konfliktfall ohne Einigung entscheiden, ob er sich durchsetzt oder ob er die Entscheidung delegiert, auch wenn ihm die Verantwortung bleibt. (Dazu kommen wir ein paar Seiten später beim Thema Delegieren noch genauer zu sprechen.)

Wir zweinigten uns in diesem Fall und einige Zeit später auch noch in einem anderen. Als wir jedoch am dritten Thema der Zweinigung angelangt waren und dieses noch dazu eine mir besonders wichtige Frage des persönlichen Führungsstils betraf, entschied ich, daß ich meine Vorstellungen von Marketing und Management besser anderswo realisiere – und wir trennten uns. Gelegentlich trafen wir uns auch später noch und redeten über unsere gemeinsame Vergangenheit und unsere Differenzen. Einigungsprozesse sind Reinigungsprozesse. Zweinigungsprozesse auch.

Feuer, so stellten wir eingangs dieses Abschnittes fest, ist ein Instrument der Reinigung – und wer sagt denn, daß diese immer

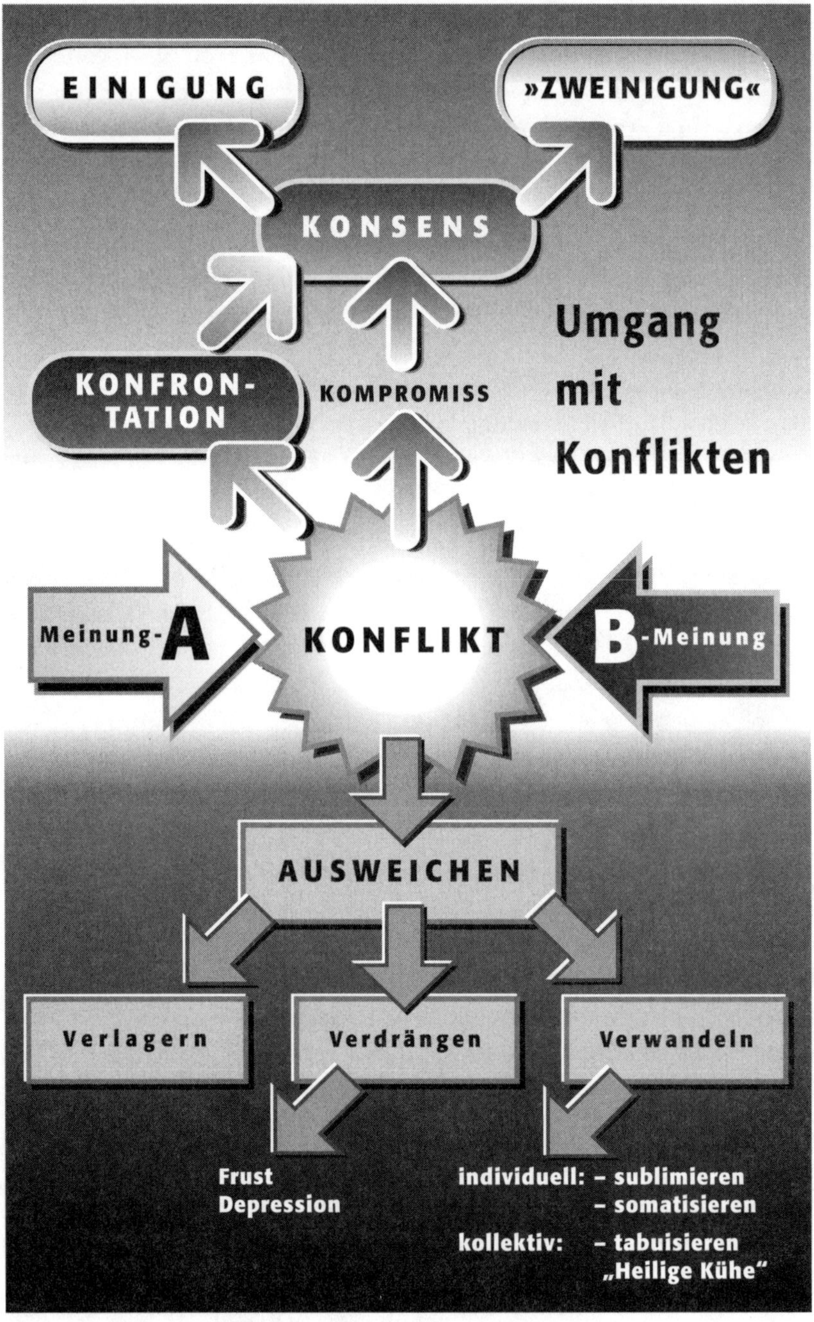

Abbildung 9: Konflikte: Ausweich- und Lösungswege

nur behutsam und ohne Ränder zu hinterlassen oder auch den Schmerz der Trennung zu bereiten, stattfinden muß? Leid-Vermeiden durch Streit-Vermeiden schafft quälende Dauerprozesse der unterdrückten Selbstbehauptung.

Zwischen den Alternativen „Love it or leave it" gibt's noch die Bandbreite des „Change it". In ihr gibt es ehrliche Einigung oder Zweinigung nur nach dem feurigen Kampf der Selbstbehauptung. In ihm ist die Entscheidung durch Hierarchie nicht Unterdrückung, sondern der Weg zur Klarheit. Auf diesem sind auch beide Seiten bereit, Konsequenzen zu ziehen anstatt sich Scheinharmonie zu erfeilschen.

Frust, Gastritis und Heilige Kühe

Um uns der Anstrengung der Konfrontation zu entziehen, haben wir ein breites Repertoire des Ausweichens entwickelt *(siehe Abbildung 9).*

Eines davon ist, *den Konflikt auf ein anderes Spielfeld zu verlagern,* z. B. ihn aus dem Büro mit nach Hause zu nehmen: „Hallo Schatz, wie geht's? Was gibt's Neues in der Firma?" – „Was soll's schon Neues geben? Nichts, immer dieselbe Mühle. Warum sind denn die Kinder noch nicht im Bett? Kann der Bub seine Hausaufgaben nicht früher machen? Der Hund liegt auch schon wieder so blöd im Weg." Aus diesem Ersatz-Kampfplatz läßt sich mit etwas Glück noch zum Fernseher ausweichen – was den Konfliktausbruch nur aufschiebt und in ein anderes Szenario verschiebt.

Variante zwei – *Verdrängen und Ausweiten.* Das sieht dann so aus: „Mir macht das nichts, was da heute wieder gelaufen ist. Das ist ja kein Einzelfall, es geht ja ständig so, schon seit Monaten, aber nicht nur mir. Der ganze Laden ist ein chaotischer Sauhaufen, und der Druck in unserer Branche wird auch immer stärker. Ich hätte doch lieber zu X gehen und damals vor allem nicht hierher ziehen sollen. Die Umgebung wird auch immer mehr verbaut, und die Nachbarn sind eine geschlossene Clique." Vom Frust, der sich wie ein rollender Schneeball vergrößert, führt der Weg zur Depression oder zum Alkohol oder zu beidem.

Die dritte Variante schließlich hat den scheinbaren Vorteil, behandelbar zu sein, noch dazu auf Krankenschein, garniert mit dem Mitleid von Familie und Freunden: Man verwandelt den Konflikt in ein sozial anerkanntes körperliches Leiden mit bedeutsamem Namen. Solange man es noch nicht genau definieren kann, nennt man's Neurovegetative Dystonie, dann Herzrhythmusstörungen (Extrasystolen, klingt recht elegant) oder Gastritis und Magengeschwür. Die Phantasie des Körpers ist dazu fast grenzenlos. Neben diesem Somatisieren (griech. *soma* = Körper) steht auch noch das Sublimieren zur Wahl: Man verwandelt die aufgestaute Konfliktenergie in Arbeitswut.

Parallel zu dieser individuellen Verwandlung in mehr oder weniger attraktive Krankheitsbilder oder in Workoholismus – offenkundig die einzige sozial akzeptierte Form des Selbstmords – läuft auch die kollektive Konfliktverwandlung im Organismus Unternehmen: Die Fettnäpfchen und „heißen Breitöpfe" sind die Konflikte, die man in dieser Firma besser nicht anspricht. Um sie macht dann die ganze Abteilung oder auch jeder Mitarbeiter, der weiß, „wie bei uns der Hase läuft", einen Bogen. Sie werden – ausgesprochen oder im stillen Übereinkommen – zu Heiligen Kühen, deren Weiden immer größer werden. Neue Mitarbeiter streifen an diesen tabuisierten Rindviechern immer wieder an oder stecken tief in deren Fladen, wenn sie etwa meinen, sie könnten die „Car-Policy" (die Heilige Kuh, wer welche Art von Dienstwagen fahren darf) oder ähnliches ändern.

Solche „Kühe zertrampeln kreatives, innovatives Denken. Sie hemmen schnelle Reaktionen auf Veränderungen und kosten Zeit und Geld. Sie sind überall zu finden – in den Foyers, Sitzungssälen, Büros und in den Köpfen der Menschen", schreiben zwei US-Autoren in ihrer Anleitung über den Umgang mit solchem Getier.[12]

---

12 Robert Kriegel und David Brandt: „Das letzte Muh der heiligen Kuh", Wien 1996.

Die Konflikte wachsen im selben Maß wie diese geschützten und gemiedenen Weiden der tabuisierten Rinder:

„Konflikte verflüchtigen sich und steigen als kleine Wolke auf, unvergossene Tränen des Leids und der Freude mitnehmend. Sie verformen sich durch den Wandel der Zeit, zucken zusammen, erschrecken und bleiben lautlos. Die Rückstände verpaßter Gelegenheiten der Auseinandersetzung, das allgegenwärtige magische Denken und die unsinnigen schuldhaften Zuordnungen verhüllen den Blick zur Klarheit. Ungesagtes von Gefühlen, Wünschen, Zielen und Bedürfnissen, denen die Befriedigung durch maßlose Härte, fruchtlosen Stolz, Vernachlässigung der Sinne und mißverstandene Rücksichtnahme verwehrt wurde, bläht die verschwindende Wolke dunkel auf und entzieht sich jeglichen Zugriffs. Große Stimmungswolken fressen die kleinen Konfliktwölkchen auf und wollen rücksichtslos die Herrschaft erlangen."[13]

Nach diesem poetischen Exkurs doch noch ein praktischer „Dekalog der anwendungsorientierten Pyrotechnik" zum Umgang mit dem Feuer des Konflikts – allerdings auch garniert mit einigen Dichterworten:

13 W. Pechtl a. a. O.

Die 10 Gebote der Konfliktbearbeitung

1. Schieben Sie den Konflikt nicht auf, aber bearbeiten Sie ihn auch nicht vor Publikum (vor Kunden oder im Abteilungsmeeting).
2. Verfallen Sie nicht der Illusion, Sie hätten mit irgendwem einen rein sachlichen Konflikt, sondern hinterfragen Sie Ihre Emotionen nach dem persönlichen Anteil. Denn: „Im Grunde glauben wir nie etwas, sondern immer nur jemandem." (Karl Heinrich Waggerl)
3. Spielen Sie weder dem Konfliktpartner noch sich selbst Sachlichkeit vor, sondern sagen Sie, worüber Sie wütend oder enttäuscht, besorgt oder genervt sind.
4. Teilen Sie Ihre Wahrnehmungen als Ihre Wahrnehmungen mit. Lassen Sie Ihre Interpretationen als Interpretationen erkennbar sein. Und lassen Sie Ihre Gefühle als Ihre Gefühle erlebbar werden.
5. Zeigen Sie dem anderen Ihre Wertschätzung und das Interesse an der Person, auch wenn Sie die Sache völlig anders sehen.
6. „Wer A sagt, muß nicht B sagen. Er kann auch erkennen, daß A falsch gewesen ist." (Bert Brecht)
7. Ersetzen Sie Ihre Vorstellungen und Mutmaßungen über die Gefühle und Beweggründe des Konfliktpartners durch Fragen danach.
8. Wiederholen Sie Ihr Verständnis der Meinung des Partners, und warten Sie zuhörend ab, ob er dieses auch bestätigt, bevor Sie Ihre eigene Meinung dagegen stellen.
9. Sprechen Sie in Ich-Botschaften (siehe Seite 94 ff.) statt in der Vorwurfs-Tonlage der Du-Botschaften.
10. „Alle Fehler, die wir machen, sind leichter zu verzeihen als die Anstrengungen, die wir unternehmen, um sie zu verbergen." (François de la Rochefoucault)

Der Wille und der Weg zur Macht

„Lead or follow or get out of the way" soll der feurige Leitspruch der amerikanischen Managementleitfigur der achtziger Jahre, Lee Iacocca gewesen sein. Die Nuancen dazwischen sind nicht das Revier im Zeichen des Feuers. Das heißt auch: Teile meine Begeisterung oder such' dir ein anderes Spielfeld. Oder, wie es das Motto des „Highlanders" ist: „Es kann nur *einen* geben." Denn Feuer arrangiert sich nicht kampflos.

Wettbewerbsdenken und Wille zum Siegen, allein um die eigene Überlegenheit zu demonstrieren, kennzeichnen diese Führungsqualität. Sie geht Konflikten nicht aus dem Weg, sondern sucht sie, um Stärke zu beweisen. Das muß ja nicht nur die eigene Stärke im Vollzug des Egotrips sein. Das kann in der Darstellung nach außen auch die Stärke, die Überlegenheit, die Nummer-1-Position des Unternehmens sein, für welche die Führungskraft mit ihrer Feuerqualität zu kämpfen bereit ist.

Die Frage, ob Führen denn lernbar sei, ist gerade bei diesem Element eine besonders heikle, die Antwort eine das Seminargeschäft nicht unbedingt belebende. Sinnvolle Entwicklung und Entfaltung der Persönlichkeit kann letztlich immer nur ein Entdecken und Erwecken von vorhandenen, aber (noch) verwickelten und daher zu entwickelnden, eingefalteten und daher zu entfaltenden Qualitäten sein. Wie weit die Qualität des Feuers in Form von Dominanzbedürfnis und Machtstreben daher vorhanden ist, entscheidet sich vom ersten Tag an in den sozialen Entwicklungsphasen und nur mehr schwer im Managementseminar, auch wenn's mit Feuerlauf garniert sein mag.

Der amerikanische Sozialpsychologe David McClelland erklärt – Sigmund Freuds psychoanalytischer Phasenlehre folgend – ein konstruktives Dominanzstreben als Voraussetzung für Führungseignung, aber auch als das Ergebnis eines vierstufigen Entwicklungsweges, der sehr früh beginnt:[14]

---

14 David McClelland: „Macht als Motiv", Stuttgart 1978.

Als zunächst nicht selbst überlebensfähiges Wesen lernt der Mensch als erstes *Anpassung* und normengerechtes Verhalten, wofür er in dieser ersten, *oralen Phase* mit Nahrung und Zuwendung belohnt wird. „Er empfängt die Stärke von anderen und verleibt sie sich ein.“ (McClelland) Da der Mensch in dieser Phase noch nicht zwischen Ich und Außenwelt („Nicht-Ich“) unterscheidet, nimmt er die Macht des anderen, von dem er abhängig ist und den er zumeist auch bewundert, als eigene Macht an, ohne mit ihr wirklich bewußt umgehen zu können.

Im wirtschaftlichen Alltag findet man die Machtausprägung dieser Phase bei der Chefsekretärin, die als „Vorzimmerdrache“ die Managementcrew beherrscht, oder beim Assistenten, der aufopfernd seinem Vorstand dient und diesen Dienst im Vorhof der Macht mit eigener Machtausübung verwechselt.

Wie wenig diese Mach(t)art mit kompetenter Autorität zu tun hat, erlebt man auch oft an den braven Kanzler- und Ministersekretären: Ihr Karriereweg führt sie so gut wie unaufhaltsam auf den Level ihrer Inkompetenz, den sie oft genug in wirtschaftlichen Top-Positionen finden. Sie werden, wenn die Stärke aus geliehener Macht nicht durch eigenes Feuer Nahrung bekommt, ausgebrannte Opfer des lebenslangen Verharrens in der oralen Phase. In ihr ist es ja legitim und auch möglich gewesen, aus fremden Gnaden – d. h. aus der Macht des Chefs – zu leben. Sie sollte dann nur rechtzeitig durch eigene fachliche und persönliche Autorität ersetzt werden.

Kann ein Kind sich frei entfalten, erwirbt es in der *analen* Phase durch die Kontrolle über körperliche Vorgänge und durch die Akzeptanz seines eigenen Willens *Selbstvertrauen* und daraus Entschlossenheit und Mut. Die Herrschaft über Gegenstände erweitert sich dann später durch das Umgeben mit Machtinsignien. So sind die Quadratmeter des Chefbüros, der Dienstwagen oder die Höhe der Stuhllehne Repräsentanten der analen Phase.

Der Pfauenthron ist ja nicht mit dem Schah aus der Mode gekommen, er steht ledergepolstert im Chefbüro. Die erste Mercedes-S-Klasse wurde von deutschen Psychologen[15] ebenso boshaft wie überzeugend als die blechgewordene Chefneurose aus der analen Phase entlarvt: Mit allen Zusatzausstattungen war das Auto bei seinem Modellstart schwerer als drei Kleinwagen, so daß das zulässige Gesamtgewicht bereits mit drei Fahrgästen ausgereizt war. (Das wurde dann sehr schnell behoben.) Er war zu breit, um auf einen Autoreisezug zu passen. (Die Deutschen Bundesbahnen rüsteten für Mercedes 160 Autowaggons um.) Die beim Einlegen des Retourgangs ausfahrenden Peilstangen waren notwendig, damit man beim Einparken sehen konnte, wo das Auto aufhört, waren dann aber durch die Kopfstützen verdeckt. Sie erinnerten die Verhaltensforscher an das Genitalpräsentieren, „ein bei Primaten, den Menschen eingeschlossen, vorkommendes Imponierverhalten gegenüber Artgenossen".

Die Prestige- und Machtobjekte als Autoritätskrücken erschöpfen sich freilich nicht im Auto und in der Büroausstattung. Sie reichen bis zur Wahl der Partnerin als Trophäe und Repräsentationsobjekt.

Bestärkt durch Erfolgserlebnisse entwickelt der Mensch in der dritten, der *phallisch-ödipalen* Phase *Selbstbehauptung* in Konkurrenz zu anderen, gegen die er sich durchsetzen, über die er verfügen will. Es kann ihm nun zum persönlichen Bedürfnis werden, Macht auszuüben, mit dem Ziel, sich über andere zu erheben. In dieser Phase entwickelt sich (oder entwickelt sich eben nicht) das Dominanzstreben, das Menschen motiviert, andere Menschen zu führen – sei's, um Klassensprecher oder Fußballkapitän zu werden, oder auch um sich im Manager-Ranking des Wirtschaftsmagazins unter den Top 100 aufgelistet zu finden. Dieses hier entwickelte Überlegenheitsstreben ist das, was die Verhaltensforschung als „Führernatur" anerkennt – ein Begriff, den wir freilich in der historischen Belastung des abgelaufenen Jahrhunderts nur schwer wertfrei annehmen können.

15 Jürgen Hesse/Hans Christian Schrader: „Die Neurosen der Chefs", Frankfurt/M. 1994.

Erst im weiteren Prozeß der *Reifung* erkennt der Mensch die soziale *Interdependenz* und unterwirft sich freiwillig ethischen und moralischen Gesetzen oder auch persönlichen Vereinbarungen, in denen er mit einer Gruppe übereinstimmt. Sein Dominanzstreben setzt er dann in den Dienst einer Idee, einer Gruppe, einer Organisation, eines Unternehmens. Hier bekommt Macht soziale und auch moralische Legitimation.

Wem in diesem Prozeß nicht der Wille zu Dominanz, Macht, Überlegenheit zum Handlungsantrieb geworden ist, so schließen McClelland und – seine Überlegungen weiterführend – der deutsche Beraterpionier Michael Birkenbihl[16], dem fehlt ein wesentlicher Antrieb, gewissermaßen die instinktive Witterung zum Rudelführer – freundlicher gesagt: ein Stück zum Charisma der Führungsautorität. Das läßt sich durch gelernte Managementtechniken so gut oder schlecht ersetzen wie gut oder schlecht eben Technik natürliche Anlagen ersetzen kann.

Ent-wickelt kann in jeder dieser Phasen freilich nur das werden, was als Veranlagung ins Samenkorn Mensch einge-wickelt worden ist, was ihm also in die Wiege gelegt wurde. Ob man das nun mittels Genforschung oder Horoskopie ortet und diagnostiziert, sei der persönlichen Weltanschauung überlassen. Es heißt in jedem Fall: Was nicht als Anlage vorhanden ist, kann nicht auf dem Lebensweg entfaltet werden. So, wie man seine Anlagen verkümmern lassen kann, läßt sich freilich auch aus nur geringen Anlagen durch entsprechend förderliche Entwicklung ein Optimum zur Entfaltung bringen. Wo immer Herausragendes geleistet werden soll, ist ja Transpiration ein mindestens so notwendiges Instrumentarium wie Inspiration. Die Anlage ist nur das Startkapital. Wenn mit und an ihm nicht gearbeitet wird, braucht es sich auch auf.

Gerade in Zeiten des Hierarchieabbaus und des Wissensmanagements entwickeln sich aber auch Führungsrollen, deren Anspruch sich nicht auf der Macht über Menschen begründet, sondern sich aus dem Umgang mit Wissen ableitet. Damit ist aber

---

16 Michael Birkenbihl: „Karriere und innere Harmonie", München 1991.

nicht dessen macht- und neidvolles Horten gemeint, sondern das kombinierende Weiterentwickeln und das vermehrende Vermitteln von Wissen. Dadurch verändert sich heute zu einem Teil die in hierarchisch stärker geprägten Zeiten unabdingbare Bedeutung des „feurigen" Dominanzbedürfnisses als unverzichtbar erste Führungsqualität. Die Fähigkeiten, sensibel zu kooperieren (Wasser) und flexibel zu koordinieren (Luft) sowie immer wieder neu zu strukturieren (Erde) steigen dadurch in ihrer Bedeutung als Führungselemente.

Delegieren: Macht behalten durch teilen

Wissen durch Anwenden zum Können machen – das ist die erste Stufe zur Führungsposition. Um diese jedoch zur Überlegenheit und Souveränität auszubauen, ist die Gegenbewegung notwendig: loslassen und teilen. Die Logik dieser scheinbaren Paradoxie wurde mir im Gespräch mit einem der großen Kochkünstler der Schweiz deutlich:

Max Kehl rangierte als Michelin-besternter und Gault-Millau-bemützter Gourmet-Artist einige Jahre unter den Top-Ten der Weltrangliste. „Chez Max" hieß sein Feinschmeckertempel in Zürichs Bankenviertel. Eine Freundesrunde besuchte ihn einmal zu Hause und geriet ins Schwärmen: „Max, vorigen Dienstag waren wir bei Dir und müssen dir wieder einmal bestätigen: „Du bist der Größte! So gut haben wir wirklich noch nie gegessen. Wir wollten dich aber nicht in der Küche stören, denn das Lokal war bummvoll, und du warst sicher reichlich im Streß."

„Da hättet Ihr mich auch gar nicht in der Küche getroffen", schmunzelte er, „denn letzten Dienstag war ich in Paris."

„Oh verzeih, das ist uns jetzt peinlich – gerade sagten wir, so gut war's noch nie, und dann war das gar nicht dein Werk."

„Das braucht euch gar nicht peinlich zu sein", beruhigte er seine Gäste, „damit habt ihr mir sogar eine riesige Freude gemacht. Denn daß ich ein guter Koch bin, das weiß ich schon lange. Aber daß ich ein

guter Chef bin, weil's mindestens so gut läuft, wenn ich nicht da bin – das hab' ich jetzt durch euch erfahren, und das ist mir noch viel wichtiger."

Diese Erzählung war mir in ihrer Knappheit die deutlichste Lektion in dem Fach, in dem ich wohl in meiner Managerlaufbahn am überzeugendsten gescheitert bin: Delegieren. Hier liegt auch für die Feuertypen ihre Chance und ihre Falle: Chance, weil sie ja wenig Hemmungen haben, andere als ihren Brennstoff zu benutzen und mit Arbeit einzudecken – Falle, wenn sie meinen, Arbeit abgeben wäre schon delegieren.

Einer der wesentlichen Führungsfehler besteht darin, daß der Manager den Leistungslust fördernden „Flow"-Anteil der Arbeit abschöpft, also die herausfordernd interessante Aufgabe selbst wahrnimmt und die ausgelaugte Routinearbeit weitergibt. Diese Führungskräfte dürfen sich nicht wundern, wenn ihre Mitarbeiter sich die Herausforderung anderswo holen und daher danach trachten, die Arbeitszeit möglichst kurz zu halten, um in ihrer Freizeit sich so richtig zu fordern. In diesem Rad der freizeitorientierten Schonhaltung haben wir ja inzwischen den Status erreicht, daß der durchschnittliche westeuropäische Industriearbeiter lediglich 15 bis 18 Prozent eines Normaljahres mit Arbeitszeit vergeudet. Wieviel davon produktive Arbeitszeit ist, hängt dann noch vom Grad der inneren Emigration oder Motivation ab.

Der zweite Führungsfehler liegt im (Miß-)Verständnis von Selbständigkeit. Da klagte mir doch kürzlich mein Freund Stefan, Marketingvorstand eines internationalen Konzerns, das alte Lied von den unfähigen, vor allem unselbständigen Mitarbeitern, die keine Verantwortung übernehmen wollen, die wegen jeder Kleinigkeit rückfragen und sich nichts entscheiden trauen:

„Nur einen", strahlte er, „hab' ich, auf den ich mich wirklich verlassen kann. Der hat auch bei mir klein angefangen und sich hinaufgearbeitet. Auf den kann ich mich verlassen. Der macht alles so, wie ich mir's vorstelle – und das ganz selbständig! Aber die anderen ...!"

Selbständig heißt also – und das nicht nur für Stefan, da ist er in bester und umfangreichster Gesellschaft – „so wie ich mir's vorstelle". Dann kann sich Herr oder Frau Führungskraft auf ihn oder sie verlassen. Eine bis zum vorauseilenden Gehorsam gepflegte Unterwürfigkeit ist dann das, was der in seine eigene Machtvollkommenheit verliebte Manager Eigenständigkeit nennt. Kritische Wachsamkeit verlangt er dabei natürlich schon – allerdings gegenüber den Aktivitäten der anderen, nicht gegenüber seinen Wünschen und Anordnungen. Die sollen ja möglichst schnell, reibungs- und kommentarlos umgesetzt werden „so wie ich mir's vorstelle". „Viele Führungskräfte stellen sich unter einem selbständigen Mitarbeiter einen Menschen vor, der genauso denkt wie sie selbst und dann auch genauso handelt."[17]

Vorstellungen sind Dinge, die sich da-vor-stellen – z. B. vor neue Sichtweisen und vor Entwicklungen zu neuem Verständnis. Geben wir daher versuchsweise die Vorstellung auf, wir könnten Verantwortung delegieren. Das geht nämlich nicht.

Wenn Delegieren funktionieren und den Führungsstil ebenso wie die Reife und Fähigkeiten der Mitarbeiter entwickeln soll, dann können wir nur zwei Dinge sinnvoll delegieren: Aufgaben und Kompetenzen.

Aufgaben delegieren heißt: abgeschlossene Ziele vereinbaren und mit Feedback sicherstellen, daß über das jeweilige Ziel Einverständnis herrscht:

- Es muß also verstanden und akzeptiert sein.
- Es muß herausfordernd, aber doch erreichbar sein.
- Es muß meßbar und – am besten schon in möglichen Zwischenetappen – kontrollierbar sein, und das vor allem durch den, der es zu erreichen hat, an den die Aufgabe delegiert worden ist.

„Vertrauen ist gut, Kontrolle ist besser", soll ein gewisser Wladimir Iljitsch Uljanow, besser bekannt als Lenin, gesagt haben.

17 Rudolf Attems und Adalbert Holzer: „Spitzenleistungen in die Praxis umsetzen", Wien 1989.

Und so lief's dann dort auch: Zwei Drittel der arbeitsfähigen Bevölkerung waren damit beschäftigt, das übrige Drittel zu kontrollieren. Die Produktivität dieser Parole läßt den Schluß zu, daß die Umkehrung vielleicht die sinnvollere Variante ist: „Kontrolle ist gut, Vertrauen ist besser." Nicht blindes Vertrauen, sondern begründet aufgebautes, indem man das zweite Kapitel des Delegierens beachtet:

Kompetenz abgeben heißt Macht abgeben. Denn es bedeutet Entscheidungs- und Handlungsfreiräume offen halten, auf daß Mitarbeiter zum vereinbarten Ziel ihre eigenen Wege finden. Dazu ist wiederum Vertrauen in beide Richtungen notwendig: Vertrauen der Führungskraft, daß der Auftragnehmer selbst weiß, wie er am besten zum Ziel kommt. Vertrauen des Mitarbeiters, daß der Auftrag sinnvoll ist.

Verantwortung braucht Vertrauen

Vor einem Jahrhundert, im März 1899, erschien im amerikanischen „Philistine Magazine" eine zweischneidige Geschichte über die Gratwanderung zwischen Kadavergehorsam und Selbstverantwortung:

Während des Spanisch-Amerikanischen Krieges wurde 1898 auf Kuba einer der Generäle der Vereinigten Staaten, ein gewisser Garcia, mit seinen Truppen umzingelt und war gezwungen, in die Tiefen des Dschungels unterzutauchen. Kein Mensch kannte den Ort, Garcia hatte keinerlei Verbindung mit der Außenwelt. Kein Brief, kein Telegramm konnte ihn erreichen. Doch William McKinley, der Präsident der Vereinigten Staaten, mußte unter allen Umständen mit ihm in Verbindung treten, damit Friedensverhandlungen geführt werden konnten, die nicht durch Garcias Kampfhandlungen gestört werden dürften. Was tun?

Ein Mitarbeiter des Präsidenten wußte Rat: „Ich kenne einen Mann, der Garcia finden wird. Sein Name ist Rowan."

Der Präsident ließ diesen Rowan kommen und überreichte ihm einen Brief mit den Worten: „Übergeben Sie dieses Schreiben General Garcia, und bringen Sie mir seine Antwort zurück." Und Rowan sagte: „Ja, Herr Präsident, wird gemacht."

Wie Rowan das Schreiben in Ölseide einschweißte und sich auf die Brust heftete, wie er nach vier Tagen bei Nacht und Nebel in einem offenen Boot an der kubanischen Küste landete und im Dschungel verschwand, wie er nach dreiwöchigem Fußmarsch durch Feindesland die Aufgabe erfüllte, die Botschaft überbrachte – das alles sind Dinge, auf die wir hier im einzelnen nicht einzugehen brauchen.

Wichtig ist, was Rowan, als er den Brief in Empfang nahm, sagte: „Ja, Herr Präsident, wird gemacht." Das war alles. Er stellte keine Fragen wie: Wo genau ist nun dieser Garcia? Wie komme ich dorthin? Haben Sie ein Boot, oder soll ich eines mieten, oder darf ich eines kaufen? Wie komme ich durch die feindlichen Linien, ohne erwischt zu werden? Woher bekomme ich das Geld für die Reise? Und was kriege ich überhaupt dafür, wenn's klappt? Wer holt mich da raus, wenn's schiefgeht? Er vertraute auf die Organisation, für die er arbeitete, und vor allem auf sich.

Und genauso wichtig ist auch, was McKinley sagte: „Übergeben Sie dieses Schreiben General Garcia, und bringen Sie mir seine Antwort zurück." Er gab ihm keinen Stoß US-Dollarscheine für den Bootskauf und sagte ihm nicht, in welcher Abteilung des Weißen Hauses er den Dienstreiseantrag einzubringen habe. Er gab ihm keine wohlmeinenden Ratschläge und keine risikomindernden Vorschriften. Er gab ihm Vertrauen.

Der Verfasser des Artikels im „Philistine Magazine" kommt nun sehr ins Schwärmen über die Tatkraft des Rowan – mit Vokabeln wie „Stahl im Rückgrat" und „Mark in den Knochen", „der Aufgabe treu sein". Nun, da haben wir in der Zwischenzeit Erfahrungen gemacht, die solchen Gehorsam auch in das Licht anderer Scheinwerferlichter rücken. (Die leuchteten dann Minenfelder und Konzentrationslager aus.)

Die Lehre aus der Botschaft an Garcia darf nicht Kadavergehorsam sein. An der Geschichte kann und soll auch heute noch etwas anderes überzeugen: Hier wird von der einen Seite eine klare Aufgabe gestellt, die mit Vertrauen und Freiraum versehen wird. Auf der anderen Seite stehen Vertrauen in die eigene Kompetenz und Bereitschaft zum Risiko.

Für Kompetenz sorgen – das hat, wie wir hier gerade sehen, neben dem Handlungs- und Entscheidungs-Freiraum auch noch eine zweite Dimension: Wissen und Können, entstanden aus Fähigkeit, Lernen und Erfahrung. In diese Kompetenz zu vertrauen, sich ihrer zu versichern oder – wenn noch nicht vorhanden – sie zu entwickeln, auch das ist Voraussetzung für erfolgreiches Delegieren. Da heißt's auch Macht in Form von Wissen und Können weitergeben – wie der oben erwähnte Küchenmeister Max Kehl.

Schließlich ist auch der Mitarbeiter mit der nötigen Mittelkompetenz auszustatten (bzw. er hat sie einzufordern), die er zur Erfüllung der vereinbarten Aufgabe braucht. Das kann Material sein oder Budget oder Personal.

Erfolgreiches Delegieren läuft daher so: Wir geben *Aufgaben* weiter mit meßbaren Kontollpunkten und mit dem Vertrauen, daß diese auch im Auge behalten werden. Dazu geben wir *Kompetenzen* ab in Form von Freiräumen und Wissen und Verfügung über die notwendigen Mittel.

Und wie geben wir nun *Verantwortung* ab? Die Antwort mag enttäuschend sein: Gar nicht. Ob wir uns für etwas verantwortlich *fühlen,* entscheidet sich nicht dann, wenn jemand sagt „Sie sind mir dafür verantwortlich" oder: „Dafür haben Sie die Verantwortung zu tragen". Verantwortung ist – wie's ja der Sprachgebrauch sagt, ein Gefühl – und Gefühle lassen sich nicht delegieren. Wohl aber lassen sich Gefühle teilen und werden dadurch nicht weniger. Ob dieses Gefühl entsteht, wächst, gedeiht und geteilt wird, hängt davon ab, ob wir die Aufgabe als sinnvoll, herausfordernd und erreichbar angenommen und uns zu ihr bekannt haben – und ob wir dafür (im oben erklärten mehrfachen Wortsinn) kompetent sind.

Wer zu *A* wie Aufgabe und *K* wie Kompetenz ja sagt, dem bleibt nichts anderes übrig, und der hat auch nichts anderes im Sinn, als sich verantwortlich zu fühlen. Die Formel mag für mathematisch begeisterte Manager aus den hohen Schulen der mi-

Wie man erfolgreich delegiert

Aufgabe: Das Ziel (gewünschtes Endergebnis) klar definieren und vereinbaren. Sicherstellen (durch Rückfragen und Bestätigenlassen), ob es verstanden und akzeptiert ist, also sinnvoll und erreichbar erscheint. Kontrollpunkte klarlegen, Selbstkontrolle sicherstellen.

Kompetenz:

1. Wissen, Können, Erfahrung, persönliche Qualifikation — *Fachkompetenz*
2. Handlungsspielraum Entscheidungsfreiraum — *Handlungskompetenz*
3. Mittel (technisch, personell, organisatorisch, finanziell) — *Mittelkompetenz*

Verantwortung ist ein Gefühl und kann daher nicht delegiert werden. Es muß aber (durch die Führungskraft) für ein Klima gesorgt werden, in dem Verantwortungsbereitschaft entsteht – durch Aufgabenklarheit und Sicherstellen der Kompetenz:

Aufgabenklarheit + Kompetenz = Verantwortung

kro- und makroökonomischen Mathematik enttäuschend sein, aber sie ist nun einmal so einfach:

$$A + K = V$$

Die Energie des Feuers in produktiv sich vervielfachende Synergien umzusetzen, hat als Bedingung einen bewußten, motivierenden, herausfordernden und entwicklungsfördernden Umgang mit dem Führungsinstrument Delegieren.

Tempo zeigt Sicherheit

Die Feuerqualität des Führens zeigt sich auch in der Umsetzungsenergie, mit der wir Entscheidungen treffen oder einfordern und Aufgaben durchziehen, auch – oder gerade wenn – sie nicht die angenehmsten sind. Unternehmungen aufzubauen und auszubauen, ist eine Herausforderung, an der sich diese Qualität gerne und bestens bewähren kann. Daß aber auch beim Abbau, bei der Schließung eines Betriebs des Feuers Macht wohltätig (wie in Schillers „Glocke") sein kann, erlebte ich an Gerald, einem von dieser Energie beseelten Manager, Geschäftsführer der Tochtergesellschaft eines internationalen Konzerns:

Gerald spürte, so wie seine Mitarbeiter, daß nach der Fusion ihres Konzerns mit einem ähnlich großen Partner das neue Unternehmen nun zu viele Betriebsstätten in Europa hatte. Sein Betrieb konnte nach Größe und Standort nicht mehr der rentabelste sein. Abwarten, wozu ihn seine Konzernzentrale beschwichtigen wollte, war für ihn keine Lösung, denn die Verunsicherung wuchs. Vertröstungen und vage Versprechen waren für ihn keine ehrliche Motivation.

So flog er zum Headquarter – nicht ohne vorher dem Betriebsrat zu versprechen: „Ich komme nach dem Wochenende am Montag mit einer Entscheidung zurück." Und auch der Konzernleitung war gleich klar, daß ihr bevorzugtes Spiel von Aufschieben und Aussitzen mit Gerald nicht spielbar war. Der erst für die nächsten Monate geplante Beschluß, den

Betrieb in diesem fernen Land zwischen Balkan und Atlantik zu schließen, wurde an diesem Freitag im März gefällt. (Gerald wäre wohl vorher nicht aus dem Büro der Konzernzentrale gewichen.) Bis Jahresende sollten Personal, Lager und Maschinen abgebaut, bis Ende nächsten Jahres Grund und Gebäude verkauft sein.

Was Gerald nun verlangte, war: „Wenn ich das durchziehen soll, dann mit voller Handlungs- und Entscheidungsfreiheit in dem Rahmen, den wir jetzt hier vereinbaren. Sagt mir ein maximales Limit für den Sozialplan und ein unterstes Limit für die Verkaufserlöse." Er bekam beides.

Am Montagmorgen informierte er die Belegschaft und vereinbarte mit dem Betriebsrat: „Heute in einer Woche erwarte ich euren Vorschlag zum Sozialplan." Der wurde am nächsten Montag verhandelt und war zwei Tage später beschlossen. Er lag im Limit – zehn Tage nach dem Schließungsauftrag.

Für Maschinen, Rohstoffe und Fertiglager fand er den Käufer in einem bisherigen Mitbewerber. Vertragsabschluß zwei Wochen nach dem ersten Gespräch – deutlich über dem vereinbarten Erlös, weit unter dem gestellten Zeitlimit. Die Mitarbeiter begannen die Leute der künftigen neuen Eigentümer an den Maschinen einzuschulen und konnten sich dabei für ihre eigene Übernahme profilieren.

Für Gebäude und Grundstück fand er mit dem Glück dessen, dem Dinge begegnen, weil er nicht abwartet, sondern unterwegs ist, einen Käufer: Vertragsabschluß zweieinhalb Wochen nach dem ersten Gespräch, mehr als hundert Prozent über dem vereinbarten erwarteten Ertrag. Zehn Wochen nach dem Schließungsbeschluß war alles unter Dach und Fach, wofür ein Jahr geplant gewesen war.

Die Handlungsgrundsätze des Feuer-Managers

1. Tempo zeigt Sicherheit. Überrasche daher die anderen, indem du Aufgaben vor dem gestellten Termin erledigst.
2. Halte die anderen nicht für dumm. Das geht am leichtesten, indem du mit offenen Karten spielst. Deinen Spielvorteil erhältst du sowieso durch dein Tempo.
3. Agiere, bevor du zum Reagieren genötigt wirst. So bleibst du der Regisseur in deinem Spiel.
4. Fairneß lohnt sich. Sie spart dir die Energie, die du sonst für die Abwehr oder Verarbeitung von Revanche-Fouls aufwenden mußt.
5. Zweifel kosten Kraft – drum spar sie dir! Sei immer überzeugt, daß keiner die dir gestellte Aufgabe besser lösen kann als du und daß die Aufgabe eine notwendige, eine für dich und das Unternehmen sinnvolle ist.

Sinn bieten statt Köder auslegen

Das letzte dieser fünf Gebote des Feuer-Managers führt uns zu dem Kapitel der Führungskunst, in dem es um das innere Feuer geht, das uns antreibt, etwas zu tun. Man nennt es Motivation (lat. *movere* = bewegen).

Nur durch einen löchrigen Zaun ist dieses Lieblingsfeld der Managementautoren und -seminare getrennt vom Garten der Manipulation. Was in der Alltagspraxis betrieblichen Erlebens am häufigsten vorkommt, ist wohl der Bastard „Motipulation".

Streichelweich und menschenfreundlich tarnt er sich, wenn er sich die zum Standard-Aphorismus von Motivationstrainern abgelutschten Worte Antoine de Saint Exuperys zum Motto nimmt:

„Willst du ein Schiff bauen, so rufe nicht Menschen zusammen, um Pläne zu machen, Arbeit zu verteilen, Werkzeug zu holen und Holz zu schlagen, sondern lehre sie die Sehnsucht nach dem endlosen Meer. Dann bauen sie das Schiff von alleine."

Damit ist ja noch lange nicht ausgemacht, wer dann am Steuer steht und wer in den Ruderriemen hängt. Und wohin die Reise gehen soll. Und wofür überhaupt wer wohin will.

Ähnlich verhält es sich auch mit der vielzitierten Weisheit, man möge Hungernden, denen man längerfristig helfen will, nicht einen Fisch geben, sondern das Angeln beibringen. Aus mehrfach gegeben Anlässen in der jüngsten industriellen Eroberungshistorie ist schon vorher zu klären, wem dann die Fische gehören und wer mit welchem Naturverständnis die Fangmengen bestimmt.

Dem US-Präsidenten Dwight D. Eisenhower wird die im Grunde zynische, aber doch ernst gemeinten Definition zugeschrieben: *„Motivation ist die Fähigkeit, einen Menschen dazu zu bringen, das zu tun, was man will, wann man will und wie man will – weil er selbst es will."*

Das heißt, Menschen dazu bringen, daß sie den Willen des Auftraggebers für ihren eigenen halten.

Da ist doch wesentlich ehrlicher Al Capones Leitsatz der sogenannten Motivation: *„Mit freundlichen Worten und einer Pistole erreicht man mehr als mit freundlichen Worten allein."*[18]

Er unterscheidet sich von der legalen Alltagspraxis in erster Linie durch seine ungeschminkte Offenheit. Denn die Pistolen haben heute nur mehr oder weniger phantasievolle Verkleidungen der Bedrohung oder Verlockung an. Sie treten einerseits als Drohung mit Kündigung oder Auftragsentzug oder sonstige Sanktionen für unbotmäßiges Verhalten auf. Und sie erscheinen andrerseits als Prämien, Incentives und weitere Köder, die allesamt nichts anderes sagen als: Du enthältst mir einen Teil der Leistung vor, die dir möglich ist – und nur durch zusätzliche Verlockungen gibst du deine volle Leistung.

---

18 V.: „Der Mafia Manager", Wien 1996.

Das soll aber nun nicht gleich die Absage an leistungsgebunde Entlohnung sein! Die faire und auf Vertrauen statt Mißtrauen gebaute Lösung sieht für mich so aus: Für die Leistung, die wir beide – Führungskraft und Mitarbeiter – vereinbaren, hast du Anspruch auf die vereinbarte Entlohnung. Sollte aus deiner Arbeit aber mehr Ertrag entstehen, als wir im Moment für möglich halten und vereinbaren, wollen wir den auch fair aufteilen. Wir vereinbaren also 100 Prozent Leistung für 100 Prozent Entlohnung – was wir darüber hinaus aufteilen, ist Extragewinn durch Extraleistung oder auch durch unerwartete förderliche Umstände. Das macht Sinn durch Fairneß statt Druck durch Drohung oder Verlockung.

Zum Dreh- und Angelpunkt aller Motivation ist für mich ein Satz geworden, den ich von Viktor Frankl hörte. Der Schüler Sigmund Freuds erlebte und überlebte Auschwitz. Die Kraft dazu gab ihm, so sagt er, ein Wort von Friedrich Nietzsche: *„Ein Mensch, der weiß, wofür, erträgt fast jedes Wie."*

Dieser Satz wurde ihm nicht nur zum Rettungsring, der ihn im Konzentrationslager vor dem Untergehen bewahrte. Er wurde auch zur Basis seines philosophischen und therapeutischen Denk- und Lehrgebäudes, der Logotherapie und Existenzanalyse. Denn „logos" heißt im Griechischen u. a. *der Sinn.* Er fand einen Sinn – im Sinn einer zu lösenden und zu erfüllenden Aufgabe – in dem, was ihm widerfuhr. Und er fand einen Sinn – im Sinn eines anzustrebenden Ziels – im Sammeln und Bewahren aller Kräfte zum Überleben. Das war in ihm das Feuer, das ihm die notwendige Energie gab.

Motivator Information

Das ist wohl der Kern der Motivation auch in weniger dramatischen Grenzsituationen des Lebens, auch in den ganz banalen Anforderungen des Alltags: Sobald und solange ich das, was ich mache, in einem größeren Zusammenhang als meinen sinnvollen Beitrag verstehe, mache ich es motiviert, also aus mir selbst heraus und nicht von außen angetrieben – daher auch in eigener Verantwortung, aus eigenem Sinnverständnis, nicht für fremde Sinnerfüllung.

Somit auch umgekehrt: Sobald und solange ich in dem, was ich tun soll oder auch bereits tue, kein Wofür erkenne oder das erkennbare Wofür nicht akzeptiere, mache ich es nicht motiviert, sondern unter Druck oder durch Verlockung, also von außen angetrieben, nicht wirklich mit eigener Verantwortungsbereitschaft.

Das muß nicht gleich der vielgesuchte, breitgedroschene und plattgeredete „Sinn des Lebens" sein. Das betrifft konkreter zunächst den Sinn meiner Arbeit für die Verwirklichung meiner Fähigkeiten in diesem Leben – über den konkreten Zweck des Geldverdienens zur Befriedigung körperlicher und sozialer Bedürfnisse hinaus. Wer diesen Motivationskern nicht für sich gefunden hat, vergrößert bei jedem kleinsten Anlaß die Schar der Jammerer. Dafür ist aber die Führungskraft nicht als Antwortgeber gefordert, sondern vor allem als Fragesteller und Herausforderer zum selbstkritischen Nachdenken.

Chefsache ist es schon eher, dem Mitarbeiter den Sinn des von ihm erwarteten Beitrags für das Unternehmen zu vermitteln. Deutlich wird das in der folgenden Geschichte von zwei Bauarbeitern, die vor einigen Jahrhunderten auf einem großen Platz saßen und Steine behauten.

Als ein vorbeigehender Handwerker den einen fragte, was er da mache, sagte er: „Ich behaue Steine." Der andere daneben, mit der gleichen Arbeit beschäftigt, antwortete auf die gleiche Frage: „Ich bin Mitglied einer Gemeinschaft, die eine Kathedrale baut." Er kannte sein Wofür und konnte sich mit ihm identifizieren und mit denen, die an derselben Aufgabe werkten.

Wissen Ihre Mitarbeiter, wie die gesamte „Kathedrale" aussieht, an der sie mit den Führungskräften bauen? Wissen sie, wofür jeder Handgriff und jede Denkarbeit ist, die von ihnen erwartet wird? Und das bis zu den banalsten Tätigkeiten: Ein Verkäufer, der nicht weiß, wofür all die Zeilen und Kästchen notwendig sind, die sich die kleinkrämerischen Buchhalterseelen für die Reisekostenabrechnung ausgedacht haben, wird sie nur unwillig und schlampig und natürlich immer wieder zu spät nach ultimativen Aufforderungen ausfüllen. Wenn er von jeder Zeile weiß, wofür sie notwendig ist, wird er das Formular mit einer anderen Motivation ausfüllen und die Verantwortung für die rechtzeitige und vollständige Bearbeitung übernehmen.

Sinn-Suche – und die Hilfe dazu – ist nicht das, was man sich für irgendwann einmal aufheben kann – „wenn ich in Pension bin“ und „wenn ich nicht mehr den ganzen Tag der Arbeit und dem Geld nachrennen muß“. Sinn-Suche spielt sich täglich im kleinsten Handgriff bis hin zu den großen Zusammenhängen des Unternehmensganzen ab.

Wenn also Sinnfindung das zentrale Motiv ist, dann ist der wesentliche Motivator dafür nicht Geld, sondern Information und Kommunikation. Information über Zusammenhänge und Ergebnisse, die über den unmittelbaren Tätigkeitsbereich weit hinausgehen können. Kommunikation über das Verstehen und Akzeptieren von Aufgaben und Zielen – persönlichen und betrieblichen, privaten und beruflichen.

Dann wird die antreibende Kraft, welche Mitarbeiter motiviert, kein unruhig flatterndes Strohfeuer sein, das ebenso schnell ausgeht, wie es mit dem Blasebalg von Verlockungen und Drohungen immer wieder neu angefacht werden müßte. Dann zeigt sich die Feuer-Energie der Motivation vielmehr in einer Glut, die in sich ruht und nicht ständig bewacht, kontrolliert und durch unentwegte neue Brennstoffzufuhr neu am Leben gehalten werden muß.

WASSER

Einfühlen – Kooperieren – Coachen

Von allen Elementen sollte der Weise sich das Wasser zum Lehrer wählen.
Wasser gibt nach, aber erobert alles.
Wasser löscht Feuer aus oder, wenn es geschlagen zu werden droht,
flieht es als Dampf und formt sich neu.
Wasser spült weiche Erde fort oder, wenn es auf Felsen trifft, sucht es einen Weg, sie zu umgehen.
Es befeuchtet die Atmosphäre, daß der Wind zur Ruhe kommt.
Wasser gibt Hindernissen nach, doch seine Demut täuscht, denn keine Macht kann verhindern,
daß es seinem vorbestimmten Lauf zum Meere folgt.
Wasser erobert durch Nachgeben. Es greift nie an, aber gewinnt immer die letzte Schlacht.

Chinesische Weisheit

Das Element Wasser

bildhafter Eindruck	abstrakte Qualität	abgeleitete Verhaltens-Entsprechung
fließt nach unten	Tiefen-Orientierung	Suche nach Tiefe, Introversion, hinterfragend, einfühlend, durchschauend
umgeht Hindernisse	Ausweichen	Beruhigung, Beschwichtigung, Ausgleich, Kompromiss, Ruhebedürfnis
fügt sich in Formen	Anpassung	Unterordnung, Hingabe, Passivität, Demut, aufstauend, Gelassenheit, Angleichung
nimmt Stoffe auf	Aufnahme	Empfänglichkeit, Empfindsamkeit, Gefühl, Hingabe, beeindruckbar, anhänglich

IN ALLEN MYTHEN DIESER WELT spielt das Wasser eine auf ähnliche Weise bedeutsame Rolle. Ob es das Meer ist, das Aphrodite, die „Schaumgeborene", hervorbringt oder Odysseus immer wieder von der Heimkehr abhält; ob es der See ist, aus dem „Excalibur", das Schwert der Macht, auftaucht oder in dessen Spiegel man sich selbst erkennt; ob es der Fluß ist als Zeichen des Wandels und der Beständigkeit in einem. Es ist das Element des Geheimnisvollen, nicht Durchschaubaren, das vor allem den männlichen Helden Angst macht und sie herausfordert – heute nicht anders als in den Zeiten der sagenhaften Götter und Helden der Antike. Daher ist Wasser immer das Symbol für die Prozesse in unserem Unterbewußten, in den tieferen, nicht einschaubaren Gründen der Seele. Es ist die Metapher für den Einfluß und die Bedeutung von Gefühl und Gespür für Dinge, für Situationen, für Menschen.

Wasser ist das Element, das sich unserem Macher-Bedürfnis, in dem wir alles managen wollen, widersetzt, obwohl es sich anscheinend (oder doch nur scheinbar?) so demütig einfügt: Es führt uns die *Macht des Nachgebens* vor Augen.

Wasser weicht aus, nimmt Formen an, fügt sich ein in das Gefäß, in das es gegossen wird – auch in das Staubecken, in dem sich dann machtvoller Druck aufstaut. Wehe dem, der im Weg steht, wenn „die Dämme brechen".

Wasser weicht auch zunächst aus, wenn ein Stein oder wenn Erde im Weg steht. Es weicht so lange aus und nimmt unmerklich ein Stück mit, bis es ihn unterhöhlt oder aufgerieben hat, um ihn fortzuschwemmen. Aus der Summe solchen „Nachgebens" entstanden auch der Grand Canyon und andere gewaltige Inszenierungen der Natur. Wasser hat letztlich in allererster Linie das Gesicht unseres Planeten geprägt und bestimmt es nach wie vor.

Es ist die *Kraft des stillen Wirkens* im Hinter- oder auch im Untergrund, die Macht der grauen Eminenzen, die wissen, wann ihre Zeit gekommen ist und die auf sie warten können.

Aus sich selbst heraus ist Wasser nach unten orientiert. Es sucht immer den tiefsten Punkt und sammelt sich an diesem. Das ist auch gleich die deutlichste Symbolik für den Anteil menschlichen Verhaltens, der dieser Qualität entspricht:

- Der Blick in sich und in die anderen hinein und hinunter in die Tiefen der seelischen Gründe und Abgründe. Aus dem Sammeln und Speichern der Eindrücke entsteht das Gefühl für das Wesen der Dinge hinter ihrer Fassade und für ihre Zusammenhänge. Daraus entwickelt sich auch *Empathie*, ententsteht die Kunst der *Einfühlung*.

Wasser nimmt auf – auch den Schmutz und Ballast seiner Umwelt. Im Gegensatz zum Feuer reinigt es schonend, verändert nicht nur das Objekt, sondern auch seine eigene Beschaffenheit.

- Das heißt auf Verhaltens-Qualitäten übertragen: *Aufnahmebereitschaft* für die Gefühle, Sorgen, Nöte anderer, *Hilfsbereitschaft* bei ihrer (Auf-)Lösung und Veränderung, *Empfänglichkeit, Empfindsamkeit* – für Stimmungen, für Situationen. Die Probleme gibt's dann bei der Frage der „Entsorgung", wenn die Helfer hilflos und müde werden.[19]

Daß man die Qualität des Nachgebens nicht mit Schwäche verwechseln darf, sondern daß sie auch ein Weg zur Macht ist, sieht man nicht nur in den fernöstlichen Kampfsportarten: Die Wirkung von Judo oder Aikido, von Karate oder Taek-Wan-Do liegt in der Kunst des Aufnehmens der entgegenkommenden Energie, um sie durch rechtzeitiges Ausweichen zur eigenen zu machen.

Die Kraft des Nachgebens schildert auch diese Geschichte aus einem Zen-Kloster im Fernen Osten:

Im Garten des Klosters waren die wunderschönen bunten Vögel so zutraulich, daß sie sich den Mönchen auf Knie und Schultern und auch auf die ausgestreckten Hände setzten. Von einem alten Mönch wußte man, daß von seinem Handrücken ein Vogel erst wegfliegen konnte, wenn der Mönch es wollte.

„Wie machst du das?" fragten ihn seine Mitbrüder. „Du hältst doch

19 Jörg Fengler: „Helfen macht müde", München 1994.
Wolfgang Schmidbauer: „Die hilflosen Helfer", Hamburg 1977.

den Vogel nicht fest – und dennoch kann er von dir erst wegfliegen, wenn du das willst! Verrätst du uns das Geheimnis deiner Macht?"

„Es ist kein Geheimnis", lächelte er, „denn wenn der Vogel wegfliegen will, braucht er einen ganz geringen Widerstand, um sich abzustoßen. Sobald ich den spüre, gebe ich ein wenig nach."

Auch wenn Ornithologen das nun anders sehen und wissenschaftlich widerlegen mögen: In dieser Zen-Geschichte wird die Macht des Nachgebens deutlich, die Stärke der Empfindsamkeit. Sie hat in der Qualität des Wassers ihr klares Symbol.

Feuer hat keinen stärkeren Gegensatz als Wasser, keinen stärkeren Feind und daher auch keine besser geeignete Ergänzung. Wasser ist in jeder Hinsicht die Polarität zu dieser Energie und dabei auf seine Weise eine ganz mächtige Kraft – wie ja schon die eingangs zitierte chinesische Weisheit sagt. Wenn sie nicht aufgestaut oder durch Sturm unterstützt ist, ist diese Energie aber zunächst eine, die aus dem Hintergrund wirkt

Die Trilogie des Wassers

In den drei Phasen des Verhaltens zeigt sich die Qualität der Wasser-Energie auf diese Weise:

1. Die *Wahrnehmung* ist mehr nach innen als nach außen gerichtet, sucht eher nach Komfort und Ausgleich, hält nach Beruhigung, nicht nach Herausforderung und Wettbewerb Ausschau. Umweltaufnahme in der Qualität der Wasserenergie nimmt nicht die Details der Oberfläche der Aktionen wahr, sondern sucht nach dem, was dahinter liegt, was darunter verborgen und damit gemeint sein könnte. Es ist die urweibliche Art der Wahrnehmung, die daher auch in Mimik und Tonfall Stimmungen sieht und Beziehungsmelodien hört.
2. Die *Verarbeitung* ist emotional, aber zunächst zurückhaltend. Subjektiv, unstrukturiert und harmonisierend sucht sie Anpas-

sung und staut daher das Verdrängte auf bis zu einer kritischen Masse. Sie ist – wieder im deutlichen Gegensatz zur feurigen Verarbeitung – nicht auf Umsetzung und Aktion gerichtet, sondern arbeitet grüblerisch, aber auch mit der Macht des langen Atems „in sich hinein". Daraus entsteht dann freilich starker Handlungsdruck, dem im guten Fall dosiert nachgegeben wird, bevor die Dämme bersten.

3. Das *Handeln* ist reaktiv, wartet also auf den Druck der Verhältnisse. Solange sich nicht zuviel aufgestaut hat, sind die Aktionen gleichmäßig und beständig, getragen von Ausdauer und Gelassenheit. Wer sein Tun von der Qualität des Wassers tragen läßt, kann abwarten, bis die rechte Zeit, bis der geeignete Moment gekommen ist. Hier scheint das Wissen gespeichert, daß alles, was Wirkung haben soll, nicht nur mehr oder weniger Zeit, sondern auch *seine* Zeit braucht. Wenn allerdings durch den steten Tropfen das Faß voll ist, dann ist Überreaktion aus einem geringfügigen Anlaß das Problem.

Die Führungsqualitäten, die durch das Element Wasser symbolisiert werden, sind somit jene, die mit Gefühl, mit Gespür, mit Mitgefühl und Hilfsbereitschaft zu tun haben. Es sind daher die Qualitäten, die dort gefordert sind, wo es um den zwischenmenschlichen Bereich der Zusammenarbeit geht: In der Personalentwicklung, im Verständnis von Führen als Fördern der Mitarbeiter zu ihrer bestmöglichen Entwicklung und zum Erfolg mit dem Unternehmen – letztlich das, was man unter *Coaching* am besten versteht. Natürlich auch im Aufbau und in der *Entwicklung von Teams* und von langfristigen *Kundenbeziehungen* sind diese Qualitäten gefragt.

„Emotionale Intelligenz", „Gefühls- und Beziehungsmanagement" sind die heute dafür marktgängigen Chiffren. Sie täuschen vor, daß zum Glück der Cleveren Emotionen doch ganz einfach mit Intelligenz zu steuern und Beziehungen ebenso wie Gefühle smart zu „managen" wären – am besten wohl nach den Ausführungsbestimmungen des Organisationshandbuchs in Übereinstimmung mit Unternehmensleitbild und Corporate Mission. Kürzlich begegnete mir in einem modischen Fachbuch auch noch die Forderung (leider ohne konkrete Anleitung) nach „Emotionaler Fitneß“ – wohl zu erreichen mit täglichem emotionalem Jogging? Schöne neue Welt der glatten Manager-Vokabel: Emotion als leicht verdauliches Fast food aus dem Schnellsiedekurs für intelligente, fite Macher!

Lassen wir also die *Intelligenz* dort, wo sie daheim ist und bei den Instrumenten, deren sie sich zu bedienen und denen sie zu dienen hat: Das sind die eher im linken Hirn beheimateten Themen Vernunft, Verstand, Ratio, Intellekt. So ist sie auch die notwendige ergänzende Polarität zur Emotion. Und lassen wir auch die *Fitneß* dort, wo sie hingehört: im Bereich des Physischen, wo sie für den bestmöglichen Zustand des kostbaren Gefäßes sorgen soll, in dem Emotion und Intelligenz zusammenspielen.

Dann können wir nämlich auch die *Emotion* dort belassen, wo sie zu Hause ist und hingehört: in dem Bereich, der nicht zu rationalisieren, nicht zu managen und nicht fit zu trimmen ist, sondern zu erfahren, zu erleben und zu spüren. Die Fähigkeit, eine möglichst große Palette der Emotionen (im Gegensatz zur Intelligenz und zur Fitneß gibt's davon einen Plural!) wahrzunehmen, zu spüren und halbwegs bewußt damit umzugehen, auf sie einfühlsam und einsichtsvoll zu reagieren – diese emotionale Kompetenz ist die Wasser-Qualität des Führens.

Emotion hat viele Farben

Wie wir soeben festgestellt haben, ist „Emotion“ ein Sammelbegriff für eine unüberschaubare Vielzahl von Gefühlen. Sie läßt sich in mindestens so viele Erscheinungsformen einteilen wie die große Zahl der chemischen Elemente, bei deren Numerierung man derzeit etwas über hundert steht.

Übersicht könnte man auch hier schaffen, indem man die vielen

Farben der Emotionen auf einige wenige Grundelemente reduziert, aus denen sich alle anderen zusammensetzen – so wie wir für einen eindrucksvollen Farbdruck nur vier Grundfarben und für ein buntes Fernsehbild nur drei Arten von Farbpunkten brauchen. Bis ins Letzte wissenschaftlich begründen läßt sich keine solche Kategorisierung.

Die Bündel unserer Emotionen

Diese Kategorisierung kann – wie jede zu diesem Thema – nur als Versuch verstanden werden, die Vielfalt der Emotionen in einen Überblick zu bekommen. Viele der Erscheinungsformen, Mischungen und Nuancen sind u. a. durch ihre unterschiedliche Verursachung auch anderen Grundkategorien zuzuordnen. Auch die Zahl und Benennung der Kategorien ist freilich diskutierbar: Oft genug sind Wut und Trauer gleichzusetzen und sicher nicht immer hat Liebe mit Heiterkeit und Behagen zu tun.

WUT
Zorn, Groll, Entrüstung, Empörung, Ärger, Verärgerung, Verbitterung, Haß, Reizbarkeit, Verdrossenheit, Feindseligkeit, Verachtung, Widerwille, Verachtung, Abscheu, Ekel

LIEBE
Freude, Zufriedenheit, Behagen, Fröhlichkeit, Stolz, Glück, Heiterkeit, Wonne, Vergnügen, Offenheit, Akzeptanz, Zuneigung, Freundlichkeit, Güte, Hingabe, Euphorie, Mitgefühl, Empathie

TRAUER
Kummer, Sorge, Leid, Mitleid, Einsamkeit, Verzweiflung, Kränkung, Bedauern, Schuld, Freudlosigkeit, Trübsal, Melancholie, Enttäuschung, Niedergeschlagenheit, Reue

ANGST
Furcht, Unruhe, Besorgnis, Zaghaftigkeit, Bestürzung, Grauen, Schrecken, Entsetzen, Ängstlichkeit, Mißtrauen, Nervosität, Rastlosigkeit, Bangigkeit, Verlegenheit, Scham, Schüchternheit, Eifersucht, Neid

Die vorgeschlagenen Bündel beruhen auf Paul Ekmans (Universität von Kalifornien, San Francisco) Beobachtung, daß Furcht, Zorn, Trauer und Glück von Menschen aller Kulturen im Gesichtsausdruck erkannt werden. Bei der Erweiterung oder auch Unterteilung dieser Bündel sind freilich der Phantasie keine Grenzen gesetzt. Denn Emotionen sind eben nicht zu messen, zu katalogisieren, handsam und pflegeleicht zu machen, damit wir sie „managen" können.

Die emotionale Kompetenz einer Führungskraft zeigt sich darin, wie nuanciert sie diese Emotionen wahrnehmen und wie differenziert sie sie unterscheiden kann – zunächst vor allem an sich selbst. Kaum weniger schwierig als die Wahrnehmung und Differenzierung der Gefühle ist sicher der nächste Schritt, sie auch an sich anzunehmen, zu akzeptieren. Denn aus dem bunten Angebotskorb verkaufen wir uns selbst schon lieber die edlere Variation, fleckenlos, Güteklasse I von Zorn, Trauer, Furcht, Freude, Liebe & Co. Am deutlichsten beschreibt diese Schwierigkeit der Ehrlichkeit sich selbst gegenüber P. D. Ouspensky bei der Wiedergabe eines Gesprächs mit seinem bunt in der Geistesgeschichte anfangs des 20. Jahrhunderts schillernden Lehrer Gurdieff:[20]

„... Weiter muß man lernen, die Wahrheit zu sagen. Das mag Ihnen merkwürdig vorkommen. Sie sehen nicht ein, daß man lernen muß, die Wahrheit zu sagen. Es scheint Ihnen genug zu sein, es tun zu wollen und sich so zu entscheiden. Und ich kann Ihnen versichern, daß die Menschen verhältnismäßig wenig absichtlich lügen. In den meisten Fällen glauben sie, daß sie die Wahrheit sagen. Und trotzdem lügen sie die ganze Zeit – sowohl, wenn sie lügen wollen, als auch, wenn sie die Wahrheit sagen wollen.

Sie lügen die ganze Zeit sowohl sich selbst als auch anderen gegenüber. Darum versteht keiner irgendwen – weder sich noch einen anderen. Denken Sie doch einmal nach – könnte es solche Zwietracht geben, solche tiefen Mißverständnisse und solchen Haß gegen die Ansichten und Meinungen der anderen, wenn die Menschen einander wirklich ver-

20 P. D. Ouspensky: „Auf der Suche nach dem Wunderbaren", Bern 1978.

stehen könnten? Aber sie können es nicht, weil sie nicht umhin können, zu lügen.

Die Wahrheit zu sprechen, ist das Schwerste auf der Welt. Man muß erst viel und lang lernen, um fähig zu werden, die Wahrheit zu sagen. Der Wunsch allein genügt nicht. Um die Wahrheit sagen zu können, muß man erst erkennen, was Wahrheit und was Lüge ist – und das zuallererst in einem selbst. Und davon will niemand was wissen."

Die Falle der Führungslücke

Emotional kompetent ist die Führungskraft, die sich selbst nicht mehr belügt. Sozial kompetent wird sie, wenn sie diese Ehrlichkeit im einfühlsamen Umgang mit der Wirklichkeit der anderen zur glaubwürdigen und überzeugenden Echtheit entwickelt.

Dazu ist erst der nächste Schritt notwendig: Die Emotionen auch in den anderen erkennen und akzeptieren. Um diese Fähigkeit zu erwerben, ist gar nicht so sehr das Üben und Trainieren nach praktischen Rezepten und Anweisungen vonnöten, sondern zu allererst das Bewußtsein und Akzeptieren, *daß* dieses emotionale Engagement auf der Beziehungsebene überhaupt Führungsarbeit ist, vordringliche noch dazu.

In die Position der Führungskraft befördert wird man ja zumeist aus anderen Verdiensten, die wohl meistens zuallererst mit fachlicher Tüchtigkeit zu tun haben. Emotionale und soziale Kompetenz werden dafür nur selten geprüft, beobachtet und bewertet. Und obwohl Laurence Peter schon in den späten sechziger Jahren diesen „Aufstieg zur Inkompetenz" so zynisch als das „Peter-Prinzip" der Führungskarriere beschrieben hat, spielt sich dieser Aufstieg zu einer Inkompetenz, die ja in erster Linie eine emotionale und soziale ist, unerbittlich weltweit alljährlich zigtausendfach ab.

„Führungslücke" nennt man auch diese Kluft, die da klafft, wenn im Verlauf der Karriere von einer Erfolgsstufe zur nächsten die zu leistende Beziehungsarbeit des Managers immer mehr wird und dabei das Beharren auf den vertrauten funktionalen Tätigkeiten immer stärker wird.

Um diese gefährliche Schlucht deutlich zu machen, müssen wir zunächst die Aufgaben eines Managers trennen in:

funktionale Tätigkeiten	und	**Führungsaufgaben**
haben mit dem Unternehmenszweck zu tun, sind zumeist dringend, schaffen unmittelbar Effizienz und Produktivität, erfüllen eine Unternehmensfunktion (Verkauf, Produktion, Administration etc.)		haben mit den Mitarbeitern zu tun, sind wichtig, aber oft aufschiebbar, schaffen Motivation, pflegen Kommunikation und Kooperation durch erlebbaren Einsatz von emotionaler und sozialer Kompetenz

Wenn wir nun unsere Arbeitszeit und -energie mit 100 Prozent ansetzen, so können wir diese gesamte Zeit und Energie aufteilen auf diese beiden Tätigkeitsbereiche.

Nehmen wir als Beispiel einen Verkäufer, der zunächst nur für sich und seinen Job zuständig ist: Seine Tätigkeit ist zu 100 Prozent eine funktionale – Führungsaufgaben hat er noch keine zu leisten. *(siehe Abbildung 10)*

Macht er diesen Job gut, bekommt er ein paar jüngere oder weniger erfahrene Mitarbeiter zugeordnet und leitet nun einen Verkaufsbezirk, betreut aber sicher bedeutende Kunden selbst weiter. Mindestens ein Viertel seiner Zeit und Aufmerksamkeit wird er aber schon der Motivation und Entwicklung seiner Leute zu widmen haben. Wieviel Zeit nimmt er sich wirklich dafür? Wie wichtig ist ihm diese Aufgabe? Wie lernt er sie? Wer lehrt sie ihn?

Dann rückt er auf zum Gebietsverkaufsleiter mit einigen Verkaufsbezirken. Hat er die Lektionen für die neuen, nun notwendigen Aufgaben – die jetzt vermutlich schon mehr als die Hälfte seiner Zeit in Anspruch nehmen sollten – inzwischen gelernt oder bleibt ihm vor lauter Geschäftigkeit in den Anforderungen der täglichen Dringlichkeiten dafür keine Zeit?

Regionalverkaufsleiter, Verkaufsdirektor, Mitglied der Geschäftsführung (oder des Vorstandes), Generaldirektor können die weiteren Stufen sein. Auf jeder nimmt die Anforderung an Führungsaufgaben ebenso zu wie die Notwendigkeit, wieder von einigen funktionalen Tätigkeiten loszulassen. Doch wie soll man loslassen von etwas, das man erfolgreich gemacht hat, wofür man gelobt und befördert worden ist? Um etwas in die Hand zu nehmen, das einem fremd und neu ist, das man nie gelernt hat, das mit so ungreifbaren Dingen wie Emotion und Beziehung zu tun hat?

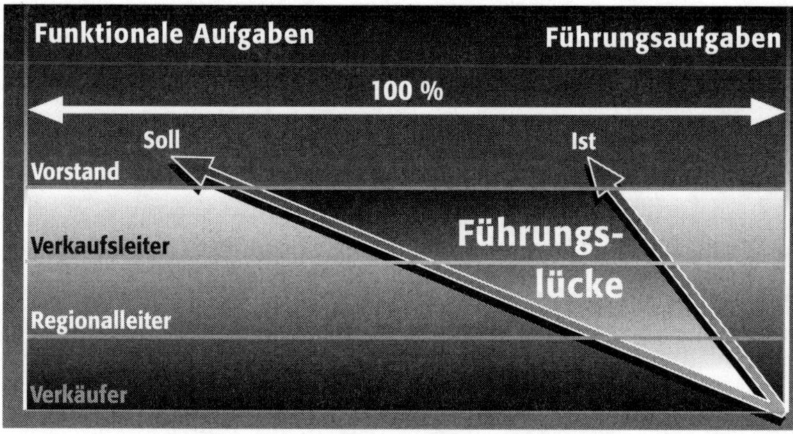

Abbildung 10: Der Sturz in die Führungslücke ist vermeidbar

Der Aufstieg zur Inkompetenz gemäß dem Peter-Prinzip ist in jeder Branche und in jedem Unternehmensbereich zu erleben, wenn für höheres Einkommen und vor allem für höheres Sozialprestige eine Führungsfunktion notwendig ist. Solange für die Besetzung von Führungspositionen fachliche Qualifikation und Dienstalter wichtigere Auswahlkritierien sind als entwickelte, beobachtete und durch Führungskräfte und mit ernsthaften Instrumenten der Potentialbeurteilung bewertete Sozialkompetenz, solange versickern Milliardenbeträge durch Fehlbesetzungen, Fluktuation und Führungsmängel in diesem Krater der Führungslücke.

Der Weg heraus aus der Führungslücke führt auf dem Strom der Wasser-Qualitäten des Managements. Er leitet zu dem Aspekt des Führungsverständnisses, den LaoTse so formulierte: *„Wer Menschen führen will, muß hinter ihnen gehen."*

Das entspricht – außer vielleicht im Kriegsfall und in sonstigen Gefahrensituationen – nicht gerade unserem abendländischen Verständnis nach dem (zwar nicht mehr ausgesprochenen, aber doch intern gespeicherten) Prinzip *„Führer, wir folgen dir!"* Es schlägt aber die Brücke über Jahrhunderte Führungsgeschichte zur heutigen Erfahrung, daß „Coaching" zu schade ist, um nur Spitzensportlern vorbehalten zu bleiben.

Der Sport mußte offensichtlich erst zum Milliardengeschäft werden, damit die Wirtschaft in ihren Metaphern und Vorbildern bei ihm Anleihen nimmt. Das kann man ja auch als einen gewaltigen und erfreulichen Entwicklungsschritt der Menschheit sehen. Denn bisher kamen die Anregungen wie Strategie, Kampf um Marktanteile, General, Executive Officer, Assessment-Center, Stabsstelle usw. aus dem militärischen Bereich.

Während die Führungsqualität des Feuers den durchsetzungsstarken, zielorientierten Pionier, den mitreißenden Motivator auszeichnet, erleben wir die Führungsqualität des Wassers am einfühlsamen Coach. Er spielt sich nicht in den Vordergrund. Sein Ziel ist es nicht, selbst auf dem Siegerpodest zu stehen – das hat er meist schon hinter sich und kann diese Macht- und Prestigebedürfnisse abhaken. Seine Aufgabe sieht er darin, seinen Schützling, seinen Mitarbeiter oder sein Team erfolgreich zu machen. Wenn eine solche Führungskraft ihr Werk getan und ihr Ziel erreicht hat, dann sagen ihre Mitarbeiter: „*Wir* haben es geschafft!"

Somit können wir vom Wasser vor allem zwei Führungslektionen lernen: Coaching und Teamführung.

Coachen zu Leistung und Persönlichkeit

Was an Coaching das relativ Neue ist, das ist sein Name und eben der erfreuliche Umstand, daß Führungsleitbilder nicht mehr vom Militär, sondern aus dem Sport bezogen werden. Die Inhalte sind die Aufgaben, die schon immer zur Führungsarbeit gehört haben – freilich mit stärkerem Fokus auf der entwicklungsorientierten Beziehungsarbeit.

Coaching ist der Teil der Führungsarbeit, der gezielt Lern- und Entwicklungsschritte des Mitarbeiters anregt, in Gang setzt und fördernd begleitet, mit dem Ziel, das Potential des Mitarbeiters für das Unternehmen und für ihn selbst optimal zu nutzen.

Wenn der Gestalttherapeut Fritz Perls einmal formuliert hat: *„Lernen heißt entdecken, was dir möglich ist",* dann heißt Coaching: Entdecken und entwickeln helfen, was anderen möglich ist.

Das ist kein selbstloses „Sozialklimbim", für das man sich vielleicht einmal Zeit nimmt, wenn nichts Dringenderes zu tun ist, sondern die notwendige, vornehmliche und vorrangige Führungsarbeit.

Coaching hat auch nichts mit selbstloser Fürsorglichkeit zu tun. Im selben Ausmaß und im gleichen Takt, in dem eine Führungskraft die Weiterentwicklung von Teams oder einzelnen Mitarbeitern unterstützt, steigert sie die Effektivität ihrer eigenen Arbeit und profiliert sich für die eigene weitere Karriere oder festigt ihren Status im Unternehmen. Die Grundlage, die sie dafür braucht, die sie aber auch gleich wieder mit jeder Maßnahme des Coachings schafft, ist eine offene Beziehung der gegenseitigen Akzeptanz und des beiderseitigen Wohlwollens.

Mißtrauen und abwertende Vorurteile sind ein vergifteter Boden, den man zuerst entsorgen sollte.

In welche Dimensionen und mit welchen Instrumenten Coaching wirksam ist, zeigt *(Abbildung 11)* dieser Überblick:

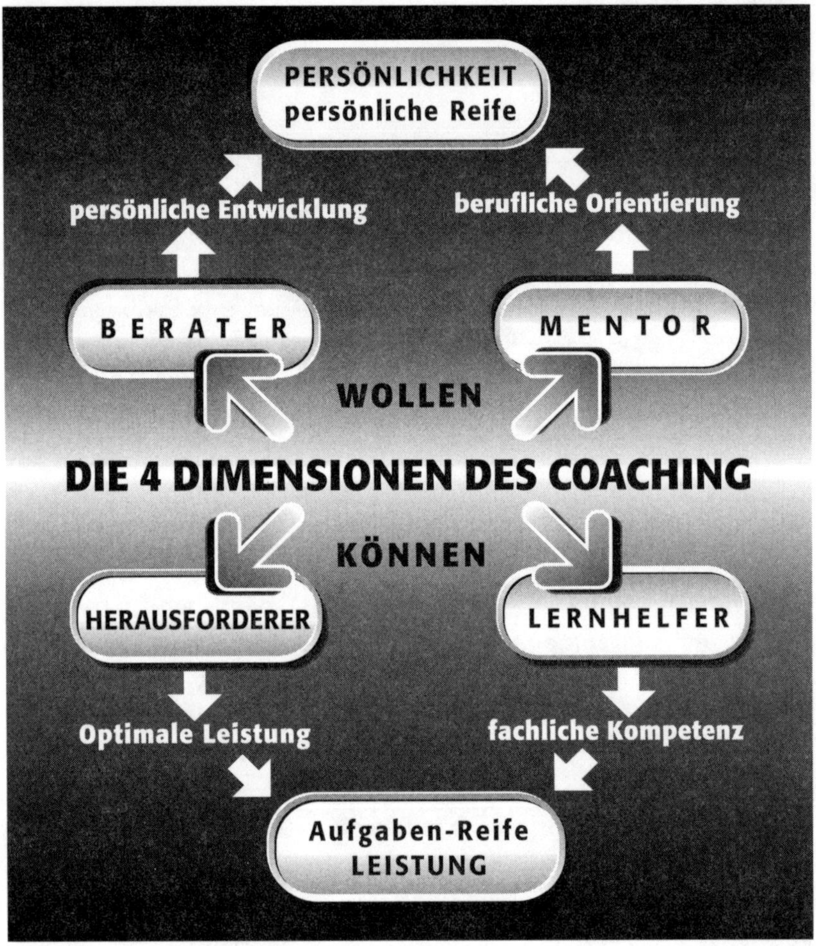

Abbildung 11: Die 4 Dimensionen des Coaching

1. Der Coach ist Berater zur persönlichen Entwicklung 2. Der Coach ist Mentor zur beruflichen Orientierung	mit dem Ziel der persönlichen Reife
3. Der Coach ist Herausforderer zur optimalen Leistung 4. Der Coach ist Lernhelfer zur fachlichen Kompetenz	mit dem Ziel der Aufgaben-Reife

Umfassendes oder – verwenden wir hier doch den leider so abgenutzten Begriff – ganzheitliches Coaching hat die persönliche Reife des Gecoachten ebenso zum Ziel wie seine Aufgaben-Reife, bezieht sich also auf seine Persönlichkeit ebenso wie auf seine Leistung. Das setzt daher beim Coach gereifte Fähigkeiten in beiden Dimensionen voraus, also eine gereifte Persönlichkeit ebenso wie fachliches Verständnis.

Freilich müssen nicht alle vier Coaching-Funktionen vom unmittelbar hierarchisch Vorgesetzten erfüllt werden: Der *Mentor* kann durchaus ein an Dienstjahren und auch Alter gereifter Mitarbeiter aus einem anderen Unternehmensbereich sein. Und der Coach als *Lernhelfer* läßt sich auch in einem fachlich versierten Spezialisten aus dem Kollegenbereich finden. Nicht von der Führungskraft delegierbar sind die Coaching-Funktionen des *Beraters* und des *Herausforderers.*

Der Coach als Berater

Das Führungsinstrument, in dem diese Coaching-Funktion am schönsten und am besten erfüllt wird, ist das *Mitarbeiter-Entwicklungsgespräch.* Es findet ohne dringenden oder akuten Anlaß einmal pro Jahr statt (bei Bedarf natürlich auch dazwischen) und hat zum Ziel, Bilanz über die bisherige Tätigkeit bzw. über die Arbeit und Entwicklung seit dem letzten Gespräch dieser Art zu ziehen sowie Wünsche und Möglichkeiten der künftigen Entwicklung aufzuzeigen und zu besprechen. Themen dabei sind:

- Wie geht's dir mit deiner Arbeit? – So erlebe ich dich dabei.
- Wie geht's dir mit deinen Kollegen und mit mir? – So geht's mir mit dir.
- Welche Unterstützung oder Freiräume brauchst du? – Fühlst du dich eingeengt oder eher allein gelassen?
- Wohin möchtest du dich entwickeln? – Ich sehe diese Möglichkeiten.
- Welche Schulungs- oder Fortbildungsmaßnahmen finden wir dazu notwendig und sinnvoll?

Persönlichere Themen, die das Privatleben betreffen – vor allem, wenn aus diesem Auswirkungen auf die berufliche Entwicklung zu erkennen oder zu erwarten sind –, sollen dabei angeboten werden, eine mögliche Ablehnung ist aber, ohne nachdrücklich zu „bohren", zu akzeptieren. Professionelle Gesprächsführung zeichnet sich ja dadurch aus, daß jeder Gesprächspartner bei seiner Profession bleibt. Die Führungskraft ist nicht der Therapeut des Mitarbeiters.

Wohlmeinende Einfühlung und wohlwollende Zuwendung sind wichtige Einstellungen in einem solchen Coaching-Gespräch, doch kaum etwas ist peinlicher und auch kontraproduktiver als der Chef als Amateurpsychologe mit dem halbverdauten Wissen aus dem letzten Kommunikationstraining. „Bleib professionell" heißt: „Zeige dich kompetent", aber auch: „Bleib' bei deinem Leisten". Die in der Arbeitsleistung erkennbaren Auswirkungen persönlicher Probleme aufzuzeigen, gehört durchaus zur Profession des Chefs – nicht aber das psychologisierende Interpretieren und Diagnostizieren, Analysieren und Therapieren.

Zu diesem Gespräch der persönlichen Orientierung im Beruf ist natürlich für eine ungestörte und auch nicht gar zu dienstliche Atmosphäre zu sorgen – also nicht gerade am Schreibtisch –, und da soll auch kein wichtiger nächster Termin Zeitdruck verursachen – daher z. B. mit einem gemeinsamen Mittagessen oder nach einem früheren Büroschluß open end.

Diese Beratungs- und Entwicklungsgespräche sind auch die Früherkennungsinstrumente für die Motivationslage des Mitarbeiters, sie sind die psychosozialen Hygienemaßnahmen zur Beziehungspflege. Wer sie versäumt, weil's ja immer so viel Dringenderes zu erledigen gibt, der verzichtet auf eines der effektivsten Führungsinstrumente zur Entwicklung von Mitarbeiterreife und eigene Führungsqualität.

John Naisbitt listete unter den „Megatrends des Arbeitsplatzes" die zehn Wünsche auf, die Menschen „heute bei der Arbeit am meisten bewegen" (natürlich neben der Erfüllung von Grundbedürfnissen wie einer gerechten Entlohnung und einer ausreichenden Absicherung):

Die 10 Wünsche der Mitarbeiter

1. Mit Menschen arbeiten, die mich mit Respekt behandeln.
2. Eine interessante Tätigkeit ausüben.
3. Anerkennung erhalten für gute Arbeit.
4. Gelegenheit bekommen, mich weiter zu entwickeln.
5. Für Leute arbeiten, die einem zuhören.
6. Selbst denken dürfen statt nur Anweisungen ausführen.
7. Die Endergebnisse meiner Arbeit kennen.
8. Mit tüchtigen Managern arbeiten.
9. Eine Tätigkeit, die nicht zu leicht ist.
10. Über alles Wichtige gut informiert sein.

Fast jeder dieser zehn Wünsche wird durch ein solches Coaching-Gespräch getroffen:

- Der Mitarbeiter erfährt den Respekt, für den Chef wichtig zu sein.
- Es wird deutlich, wie ihn diese Tätigkeit erfüllt und wie sie anerkannt wird.
- Hier werden die Möglichkeiten der Fortbildung geklärt.
- Dem Mitarbeiter wird zugehört, und er wird zum Mitgestalten seines Jobs eingeladen.
- Bei diesem Anlaß lernt er auch die Bedeutung seiner Arbeit im gesamten Rahmen des Unternehmens kennen und bekommt die Informationen, die für ihn wichtig sind.

Vom Vertrauen, das einem solchen Gespräch zugrunde liegt und das in ihm entsteht, hängt es auch ab, ob es zum echten Dialog wird und damit auch für die Führungskraft Hilfe ist zu ihrer eigenen Entwicklung. Für dieses Vertrauen ist es notwendig, daß der Inhalt eines solchen Gesprächs kein Thema ist für Notizen in einem Personalakt oder für Informationen an die nächste hierarchische Ebene. Freilich wird gemeinsam befunden, worüber sinnvollerweise andere Stellen zu informieren sind: Maßnahmen der Fortbildung an die Personalentwicklung, geplante Job-Rotation an die davon betroffenen Abteilungen usw.

Auch wenn der Inhalt vertraulich bleibt, sollte die Personalabteilung oder die nächst höhere Führungsebene doch sicherstellen, *daß* jede Führungskraft mit jedem Mitarbeiter, für den sie unmittelbar zuständig ist, ein solches Gespräch mindestens einmal im Jahr führt. Und Mitarbeiter sollten wissen, daß sie auf ein solches Gespräch Anspruch haben, es also auch einfordern können. Wenn schon ein Mitarbeiter nicht wie ein Spitzensportler seinen Coach entlassen kann, so soll er ihn doch an diesen Teil seiner Coaching-Pflichten erinnern.

Damit dieses Gespräch nicht der ständigen Aufschieberei zum Opfer fällt, muß es rechtzeitig und verbindlich terminisiert sein. Der Termin „einmal pro Jahr“ hat meistens zur Folge, daß kurz vor den Weihnachtsferien noch schnell die Mitarbeitergespräche abgespult werden. Da heben auch die brennenden Adventkerzlein nicht mehr die Gesprächsqualität. Deshalb empfiehlt es sich, für diese Wegmarkierung der Zusammenarbeit den Jahrestag des Firmeneintritts des Mitarbeiters als Termin vorzumerken. Aufmerksame Personalabteilungen schicken ihren Führungskräften jeweils zwei Wochen zuvor einen erinnernden Gesprächsleitfaden für beide Dialogpartner.

Der Coach als Mentor

Die Coaching-Funktion des Mentors ist – wie bereits erwähnt – nicht an die disziplinäre oder fachliche Position als Vorgesetzter gebunden. Die Bedeutung des Mentors wird am besten klar, wenn wir uns daran erinnern, wer dieser würdigen Aufgabe seinen Namen gegeben hat:

Als Odysseus, König von Ithaka, kriegshalber verreisen mußte, da bat er seinen älteren Freund Mentor – der zu seinem Glück schon zu alt war, um wegen einer schönen Frau namens Helena Tausende von Troern niederzumetzeln –, er möge sich um seinen gerade erst ein Jahr alten

Sohn Telemach kümmern: „Du kennst dich aus in Ithaka, zeig' ihm, was er wissen muß, um ein rechter Mann zu werden!"

Ungefähr diesen Auftrag gab er ihm laut Ohrenzeuge Homer. Wie wir wissen, war das auch gut so, denn seine Rückkehr verspätete sich wegen Irrfahrten und Aufenthalten bei be- und verzaubernden Frauen mindestens so, wie die Heimreisen mancher Manager.

Wie uns der Mythos ebenfalls lehrt, machte Mentor seine Sache so gut, daß Telemach seinem Vater erfolgreich behilflich war bei der Ausrottung der daheim einnistenden Freier.

Zum Mentor eignet sich eine Führungskraft, wenn sie sich in einem Unternehmen und einer Branche so gut auskennt wie der alte Mentor auf der heimatlichen Insel. Sie kann daher dem Mitarbeiter Orientierung geben, wie der Hase läuft in diesem „Ithaka", in dem sie beide beschäftigt sind. Was hier Kultur und was Usus ist, welche Wege man hier gehen und welche Ab- und Umwege man besser meiden soll. Wo das Dickicht ist und wo die beißenden und wo die nur bellenden Hunde lauern. Wann hier von welcher Seite welche Wetter aufziehen und wie die Schönwetterwolken aussehen.

Coachender Mentor zu sein, hat also viel mit Strategie – persönlicher und unternehmerischer – zu tun und ist ein sehr beziehungsstarker Prozeß wohlwollender Förderung zum Nutzen des Mitarbeiters und des Unternehmens.

Mentoring ist wohl die schönste Möglichkeit, das fachliche und persönliche, unternehmerische und strategische Know-how älterer Führungskräfte in den Jahren vor ihrem Ausscheiden für das Unternehmen nutzbar zu machen. Es dient zuallererst dem Unternehmen: Wissen, heute das kostbarste Kapital der meisten Unternehmen, geht auf diese Weise nicht verloren, sondern wird erhalten und vermehrt. Der Generationenkonflikt, kritischer Konfliktherd jeder Unternehmenskultur, bekommt die Chance von verbindenden Brücken. Es dient dem Mentor, der nach dem Zenit seiner Laufbahn nicht ungeduldig abgeschoben, sondern mit neuen Herausforderungen in seiner Wertschätzung gestärkt wird. Und wenn wir uns doch noch den Funken Hoffnung erhalten, daß man auch aus Erfahrungen anderer lernen könne und nicht jeden Fehler erst selbst machen muß und nicht jede Idee erst etwas wert ist, wenn man selbst auf sie gekommen ist – dann nützt Mentoring wohl auch dem Mitarbeiter. Dann ist Mentoring der zweite wichtige Baustein in einem erfolgreichen Coaching-Prozeß.

Der Coach als Herausforderer

Das ist das tägliche Brot, die nicht delegierbare Führungsaufgabe zur gemeinsamen Entwicklung von fachlichen Fähigkeiten und Führungsqualität: Feedback geben zur Leistung – mit offenem, aber nicht verletzendem, mit klarem, aber nicht unbeteiligt kaltem, mit herausforderndem, aber Überforderungen erkennendem Feedback. Hier wird der Mitarbeiter zur Konfrontation mit der von der Führungskraft beobachteten und erlebten Leistung herausgefordert.

Herausforderndes Feedback ist nicht einengende Kontrolle, sondern wertschätzende Beachtung, die Orientierung gibt. Voraussetzung dafür, daß es so erlebt werden kann, ist freilich die Kenntnis und Anwendung der Grundregeln für motivierendes Feedback.

Das ist ja noch relativ leicht im positiven Fall. Doch auch wenn wir alle Lob und Anerkennung nie zuviel bekommen können, kann die Art, wie's gegeben wird, auch peinlich daneben gehen. Eine dieser Peinlichkeits-Variationen spielt sich meistens ab, wenn der Chef vom Führungstraining kommt, bei dem er wieder gelernt hat, man solle seine Mitarbeiter mehr loben. Das durchschauen die aber ohnehin schnell und beruhigen einander: „Seminareffekt. Legt sich in spätestens acht Tagen."

Die zweite Variante, bei der die Peinlichkeit schon in Unziemlichkeit übergeht, ist das joviale Schulterklopfen. Man braucht dazu gar nicht die Hände. Das klopft sich allein durch Wortwahl und Tonfall schon päpstlich genug. Da wird vor jedem fachlichen

Inhalt zunächst einmal klar, wer hier der Chef und wer das arme, kleine, jetzt aber gerade recht brav gewesene Schäfchen ist.

Um mir die dafür verlockende Palette an negativen Beispielen zu ersparen, gebe ich gleich das Patentrezept preis, an dem jede Führungskraft ihr Lob eichen kann:

- Loben Sie in Wort, Tonfall und Körpersprache so, daß dieses Lob umkehrbar ist – daß es also Ihr Mitarbeiter genauso zu Ihnen sagen könnte.
- *Spenden* Sie nicht generös Lob, sondern *geben* Sie es einfach von Herzen und nicht (nur) mit dem Kopf.
- Heben Sie sich Anerkennung nicht nur für fachliche Einzelleistungen auf! Lob, das nicht (nur) die Leistung betrifft, sondern ganz einfach die Person, stärkt die Persönlichkeit in ihrer Entwicklung tiefer und nachhaltiger. Freuen Sie sich vielleicht, daß diese Mitarbeiterin bei Ihnen und nicht bei der Konkurrenz arbeitet? Dann sagen Sie's ihr doch ganz einfach – nur weil heute der Himmel so blau ist oder weil es gerade regnet oder weil Ihnen einfach gerade so danach ist.

Doch nun zum anscheinend noch schwierigeren Fall des konfrontierenden Feedbacks: zum negativen, weil „schon wieder" etwas daneben gegangen ist, weil „die ja nie mitdenken" und es „immer wieder" verkehrt machen.

- Zuallererst: Vermeiden Sie diese superlativen Pauschalierungen. Sie sind meistens ungerecht.
- Grundregel Nummer zwei – oder eigentlich römisch eins: Trennen Sie die Kritik an der Leistung von der Kritik an der Person. Um in uns dieses mimosige Pflänzchen am Leben zu halten, das wir Selbstwertgefühl nennen, brauchen wir Anerkennung und Wertschätzung für beides: für unsere Leistungen und für unsere Person – ganz unabhängig davon, was diese tut oder läßt. Wenn Sie die *Person* kritisieren, weil Sie mit ihrer *Leistung* nicht zufrieden sind, dann entziehen Sie der Pflanze gleich beide Wurzeln.

„Sie haben gestern dem Kunden X versprochen ... und der ist jetzt total sauer, weil Sie ... Machen Sie das das nächste Mal besser so: ..." Was ist gemäß biologisch verankertem Überlebensmechanismus die einzige mögliche Reaktion eines solcherart Kritisierten? Abwehr, Aufbau der Rechtfertigungs- und Schutzmauern, Freilassen von Schießscharten zum Rückzugsgefecht und für den Gegenangriff.

Die gute Nachricht: Es gibt eine Alternative, die nicht nur wertschätzender, sondern auch ehrlicher und konstruktiver ist, ohne daß Sie aus Ihrer inneren Entrüstung bis Hochspannung ein Hehl machen müssen.

Diese Version verlangt nur, daß Sie sich über die alte Volksschul-Aufsatzregel „Man fängt keinen Satz mit ‚Ich' an" ganz kühn bis rücksichtslos hinwegsetzen. Die Lösung heißt: Ehrlichkeit und persönliche Wertschätzung durch *Ich-Botschaften:*

Schritt 1: „Ich habe wahrgenommen ..."
(statt: „Sie haben ... gemacht")

Wenn ein Kunde angerufen und sich bei mir beschwert hat, weiß ich ja nicht, was der Mitarbeiter gemacht hat, sondern nur, was der Kunde gesagt hat. Das einzige, worüber ich ehrlich und wahrhaftig Auskunft geben kann, ist, was ich mit eigenen Sinnen wahrgenommen habe. Was wir kennen, ist nie die Wahrheit (einige letzte Bischöfe überkommener und überholter Traditionen vielleicht ausgenommen), sondern das, was uns unsere Sinne als unsere Wahrnehmung präsentieren. Das kann und soll ich dafür klar schildern und deutlich vom nächsten Schritt trennen:

Schritt 2: „Ich sehe daraus diese Folgen ..."
(statt: „Deshalb ist das so ...")

Hier geht es um meine Interpretation, auch um meine Befürchtungen. Die stehen mir zu, müssen aber nicht Faktum, sondern von den wahrgenommenen Fakten getrennt erkennbar sein. Hier geht's auch um die Auswirkungen, die ich schon kenne oder auch erst erwarte. Was mir ebenfalls zusteht und eine wichtige Information ist, das ist der nächste Schritt:

Schritt 3: „Ich habe daher dieses Gefühl …"
(statt: „Mir macht's ja nichts.")

Das kann in Reinschrift durchaus heißen: „Ich bin stinksauer" oder: „Jetzt platzt mir der Kragen" oder: „Da bin ich jetzt schon sehr enttäuscht …" Und da kann auch der Tonfall ruhig lauter werden. Es geht ja nicht darum, streichelweich harmonisierend seine Gefühle unter den Tisch zu kehren, sondern sie möglichst getrennt von Wahrnehmung und Interpretation als *mein* Problem, das *ich* mit dieser Situation nun habe, deutlich zu machen. Oft genug verlangen wir ja vom Gesprächspartner die Lösung eines Problems, das dieser gar nicht hat oder in der von mir erlebten Situation nicht erkennt.

Schritt 4: „Wie siehst du das?"
(statt: „Versuchen Sie ja keine Ausreden …")

Die Wertschätzung des Gegenübers zeigt sich eben darin, daß mich seine Sichtweise interessiert – und auch:

Schritt 5: „Wie geht's dir damit?"

Denn auch das Gefühl des Gesprächspartners ist Teil des zu lösenden Problems und daher Thema meines Interesses. Das nächste Signal persönlicher Akzeptanz und Wertschätzung, das zur Entwicklung von Mündigkeit, Reife und Selbstverantwortung führt, ist das Vertrauen, er werde selbst fähig sein, eine brauchbare Lösung zu finden. Daher:

Schritt 6: „Welche Lösung siehst du?"
(statt: „Tun Sie daher folgendes …")

Hier findet Mitarbeiterentwicklung statt, die zu eigenständigem

Handeln führt. Freilich muß man dazu der Selbstgefälligkeitsfalle entgehen: Ich weiß ja besser als jeder andere, was zu tun ist – warum sollen wir da lange drum herumreden?

Amerikanische Führungskräfte, die ihren Mitarbeitern nicht das Denken abnehmen wollen, verweisen bei Fragen nach Lösungen auf ein Täfelchen mit der Aufschrift: *„Don't bring problems – bring solutions".* Wenn das für die Führungskraft nicht die Ausrede ist, sich vor Entscheidungen zu drücken und auch nicht zur Abwehr jeder hilfreichen Unterstützung ist, läßt sich das auch bei uns anwenden: *„Bringen Sie nicht Probleme! – Bringen Sie Lösungen!"*

Zynischere Bosse zücken bei solcher Gelegenheit eine Karte mit der Frage: *„Do you want to solve my problems – or do you want to become a part of it?"* (Möchten Sie meine Probleme lösen – oder möchten Sie ein Teil von ihnen werden?)

Natürlich muß die Führungskraft mit der Lösungsidee nicht einverstanden sein und braucht auch die Suche danach nicht zur qualvollen Tortur zu verlängern. Es geht darum, dem Mitarbeiter die Chance zur Lösungssuche zu geben und das Vertrauen zu signalisieren, daß man ihm die Lösungskenntnis zutraut.

Schritt 7: Erarbeiten einer gemeinsamen Lösung.

Für ihre Realisierung wird sich der Mitarbeiter auch leichter bekennen können als zu einer vom Besser- bis Alleswissenden Chef angeordneten.

Diese sieben Stufen der herausfordernden Konfrontation sind kein Garantieschein für Harmonie und eitel Wonne. Sollen sie auch gar nicht sein, denn dann würden Manipulation und Heuchelei einziehen. Durch Zuwendung zur Person und Deutlichkeit in der Sache bringen sie jedoch Klarheit in konfliktbezogene Coaching-Gespräche und schaffen damit eine wesentlich höhere Chance für eine Lösung, die beiden Seiten und dem Unternehmen nützt.

Die 7 Schritte der Ich-Botschaften	
1. Ich habe wahrgenommen:	= meine Wahrnehmung
2. Ich sehe diese Auswirkungen	= meine Interpretation
3. Ich habe dieses Gefühl	= meine Emotion
4. Wie siehst du das?	= deine Sichtweise
5. Wie geht's dir damit?	= dein Gefühl
6. Welche Lösung siehst du?	= dein Vorschlag
7. Gemeinsame Lösungserarbeitung	= unsere Lösung

Der Coach als Lernhelfer

In dieser Rolle hat der Coach die klassische Funktion des fachlichen Trainers. Wie auch im Sport, kann der Coach die Aufgabe natürlich delegieren – je nach Spezialwissen, das gefragt ist, auch an mehrere Experten. Er kann eben nicht Experte für Tormanntraining, Stürmertraining, Kondition etc. sein. So wird der Coach auch im Unternehmen für die bestgeeigneten Spezialisten sorgen, die seinem Mitarbeiter Produktwissen, Verkaufstechnik, betriebswirtschaftliche Kenntnisse und dergleichen mehr vermitteln. In seinen anderen Coaching-Rollen wird er die Entwicklung kontrollierend und konfrontierend, motivierend und orientierend begleiten.

Die Rolle als Lernhelfer (auch Tutoring genannt) kann er in seinem Spezialgebiet freilich auch selbst wahrnehmen. Wichtiger wird jedoch sein, z. B. durch geplante Job-rotation seinen Mitarbeiter an die Stellen im Haus zu bringen, an denen er sich jeweils fachlich am effizientesten und effektivsten entwickeln kann.

Sicher gehört zu dem Fachwissen, das der Mitarbeiter zu erlernen hat, auch Führungsverhalten. Hier soll sich der Coach bewußt sein, daß er durch sein Vorbild sehr konkret Lernhelfer ist. Zum Trost oder zur Warnung sagte dazu angeblich Albert

Einstein: *„Jeder kann anderen ein Beispiel sein – und sei es ein abschreckendes."*

Daß es sogar eine Gnade des Schicksals sein kann, einen miserablen Chef zu haben (was immer man höchst subjektiv darunter verstehen mag), illustriert dieser Ausschnitt aus den Tagebucheintragungen des Schriftstellers Günther Anders[21]:

„Verlor gestern B. gegenüber, als ich ihn nach Hause begleitete, ein paar nervöse Worte über meinen miserablen Job. „Da sind Sie bei mir am falschen Schalter", sagte er abweisend. Und als ich ihn erstaunt anblickte: „Dafür habe ich nicht das mindeste Verständnis." Und dann legte er los. „Wer die richtige Frau nimmt, der verspielt die Chance der Erfahrung. Wer seinen Beruf findet, der bleibt nur bei sich selbst. Wer nur auf Klaviaturen spielt, die ihm nach Maß gearbeitet sind, dessen Finger lernen nichts mehr." – „Aber?" – „Jawohl aber!" rief er. „Denn nur was nicht paßt, nur was nicht für Sie gemacht ist, nur was hier zu kurz ist oder dort zu lang, nur das Falsche ist das Richtige! Nur das macht erfahren! Nur das ist die Welt!" Er sah nicht ironisch dabei aus. „Wirklich", fuhr er fort, „Sie haben Ihr Leben entsetzlich falsch in die Hand genommen. Denn wonach haben Sie gejagt? Immer nur nach dem Richtigen. Immer nur nach dem Passenden. Immer nur nach der Erfüllung. Und dann und wann hatten Sie sogar das Pech, daß Ihnen das gelang, daß Sie die Erfüllung zufällig fanden. In dieser Frau. In diesem Freund. In dieser Sache. In dieser Arbeit. Aber wenn Sie mich fragen, mein Lieber, diese Episoden waren die allerunwichtigsten Stücke in Ihrem Leben. Richtig allein waren nur die Durststrecken dazwischen. Die Jahre, die mit Zufällen angefüllt waren. Die Berufe, die Sie verflucht haben. Wenn Sie ein Minimum an Erfahrung erworben haben sollten, zu danken hätten Sie das ausschließlich diesen Zeiten des angeblichen Zeitverlusts."

Danach müßte man Einsteins „abschreckende Beispiele" sogar suchen und ihnen noch dankbar sein für jede Lektion. Und als Chef gar noch stolz sein auf jede schmerzhafte Lektion, die man

21 G. Anders: „Die Schrift an der Wand – Tagebücher 1941–46", München 1967.

erteilt? Nun, wollen wir dem nach Entwicklung suchenden Menschen doch unterstellen, daß er nicht nur aus Leiden lernt.

Darin liegt auch die Bestätigung für den Lehrsatz: *„Auf längere Sicht hat jede Führungskraft die Mitarbeiter, die sie verdient und auch jeder Mitarbeiter die Führungskraft, die er braucht."*

Denn das können wir wohl dem sogenannten Schicksal zugute halten: Es serviert uns nicht immer das, was wir wollen, aber mit großer Treffsicherheit das, was wir brauchen. Schmerzlich nur, daß Brauchen und Wollen oft nicht übereinstimmen.

Einfühlsames Coaching ist der Prozeß des Einschwingens und Einspielens aufeinander. Letztlich wird so der Mitarbeiter, der abgesichert und versorgt sein will, den Chef haben, der alles im Griff hat und ihm Entscheidungen oder Lösungen abnimmt. Ein anderer Mitarbeiter würde das entmündigend und einschränkend empfinden. Und der Mitarbeiter, der selbst Verantwortung übernehmen will, wird letztlich bei dem Chef landen, der ihm die Freiräume gibt, die er braucht und in denen ein anderer orientierungslos treiben würde.

Der Manager, der alles selber besser weiß, hat daher dann die Mitarbeiter, die sich das eigene Denken für die Freizeit aufheben. Der Manager, der klare Aufgaben und Ziele vereinbart und die Kompetenz seiner Mitarbeiter entwickelt, ohne vor deren Wachstum und Mündigkeit Angst zu haben, hat dann die Mitarbeiter, die Verantwortung übernehmen und für die Entwicklung des Unternehmens sorgen.

Letztlich steht jeder täglich vor der einzig möglichen Entscheidung: *„Love it – or leave it"*. Der Spielraum dazwischen ist das *„Change it"*, das beidseitige Einschaukeln der emotionalen Wellen bis zu einem erträglich bewegten und dennoch täglich spannenden Spiel der Energien und Elemente. Von ihnen repräsentiert das Wasser das ausgleichende Element der Zuwendung und Einfühlung.

T. E. A. M. – Was ist das?

Einen Teamführer als souveränen „Playing Captain" durfte ich in meiner Berufslaufbahn erleben, als ich in einem Unternehmen mit etwas bewegter Eigentümerstruktur und daher auch häufig wechselnden Machtverhältnissen Marketingleiter war.

Wieder einmal hatte sich die Gesellschafterstruktur verschoben und das hatte – wie schon des öfteren – Auswirkung auf die Besetzung des Vorstands. Fast über Nacht blieb vom Vorstands-Triumvirat nur mehr einer übrig, Nachbesetzungen sollte es vielleicht später einmal geben.

Dieser einzelne Vorstandsdirektor, der noch dazu erst relativ kurz im Unternehmen war, lud uns, die nächste Führungsebene, gleich am Morgen nach dem Sturz der Mächtigen in sein Büro und meinte:

„Seit heute bin ich alleiniger Vorstand. Sie wissen, daß ich in der Branche ziemlich neu bin. Aber Sie sind der Produktionsleiter und verstehen mehr als jeder, den ich kenne, von unserer Produktionstechnik. Sie", und er wandte sich an den nächsten in der Runde, „sind der Vertriebsleiter, um den uns viele in der Branche beneiden. Sie", er richtete seinen Blick auf mich, „haben sich als Marketingleiter in ihren ersten Projekten in der kurzen Zeit, die Sie hier sind, bereits bestens bewährt. Ich kenne mich in all dem wesentlich weniger aus als Sie. Aber ich verstehe was von Finanzen, Kontakten und Strategie – drum bin ich wohl auch der Überlebende des Triumvirats. Wenn Sie dabei mir so vertrauen, wie ich Ihnen in Ihrem Bereich, dann können wir gut zusammenarbeiten."

So war's dann auch. Es war ein Jahr motivierten und motivierenden Zusammenspiels einer Handvoll Spezialisten, von denen jeder den anderen akzeptierte und schätzte. (Leider nur ein knappes Jahr, denn dann wurde die Position wieder einmal neu besetzt mit einem, der sich für den größten fachlichen Experten der Branche hielt und das Bedürfnis hatte, jedem von uns zu sagen, wie er seinen Job am besten mache. Das Team zerfiel, und die Konkurrenz freute sich über die Experten, die zu ihnen wanderten.)

Unser „Playing Captain", der über Nacht zur unerwarteten Ehre kam, allein ein Unternehmen zu leiten, dessen Branche er kaum kannte, hatte natürlich untertrieben: Er kannte sich als gelernter und erfolgreich praktizierender Wirtschaftstreuhänder nicht nur beim Geld aus. Er wußte auch, wie man ein Team führt. Mit Wertschätzung und Akzeptanz, die jedem sagt: Ich halte dich für den besten Spezialisten für diesen Platz und bilde mir nicht ein, deinen Job besser zu können.

Dazu braucht man freilich auch wieder die Wasser-Qualitäten der Einfühlung und auch des Sich-Einfügens anstatt des Bedürfnisses, sichtbar für alle an der Spitze zu stehen. Es hat wohl sogar ein wenig mit der Tugend der Demut zu tun, von dem Bedürfnis loszulassen, in allem selbst der Macher zu sein. Teamspieler und auch Teamführer zu sein – das heißt, auch Mit-Macher sein zu können, und zwar dort, wo man die besseren Spezialkenntnisse der anderen akzeptiert.

TEAM ist eben nicht, wie ein schon sehr bärtiger Scherz behauptet, die Abkürzung für TOLL, EIN ANDRER MACHT'S, auch wenn die folgende Geschichte, die man wohl besser im englischen Original beläßt, diese Vermutung nahelegt:

This is a story about four people named ***Everybody, Somebody, Anybody*** *and* ***Nobody:***

There was an important job to be done and ***Everybody*** *was asked to do it.* ***Everybody*** *was shure,* ***Somebody*** *would do it.* ***Anybody*** *could have done it, but* ***Nobody*** *did it.*

Somebody *got angry about that, because it was* ***Everybody's*** *job.* ***Everybody*** *thought,* ***Anybody*** *could do it, but* ***Nobody*** *realized, that* ***Everybody*** *wouldn't do it.*

It ended up, that ***Everybody*** *blamed* ***Somebody,*** *when* ***Nobody*** *did what* ***Everybody*** *could have done.*

Wir könnten aber doch diesen Begriff „Team" als Abkürzung nehmen für einige wesentliche Erfordernisse, damit aus einer Gruppe von Leuten ein Team wird. Sehr deutlich spürt man den Unterschied, wenn man eine Reise*gruppe* von einem Expeditions*team* unterscheidet:

Keinem wird einfallen, einige Leute, die sich per Bus nach Venedig bringen lassen, als ein Team zu bezeichnen. Der Unterschied liegt eben darin, daß es hier einige – den Chauffeur, den Reiseleiter – gibt, die etwas *tun,* und andere, die mit sich geschehen *lassen.*

In einem Expeditionsteam oder auch in einem Fußballteam (das man ja auch nur bei offenkundigem Unvermögen als Kikkergruppe bezeichnen wird) kann es keinen geben, der machen läßt. Hier hat jeder seinen vollen Einsatz mit all seiner Energie zu erbringen, ohne dazu im jeweiligen Einzelfall aufgefordert oder eingeladen zu werden. Denn ein Team besteht aus so vielen Experten, wie zum Erreichen des gemeinsamen Ziels notwendig sind – und keinen mehr.

Das Problem, das sich bei soviel Spezialwissen ergibt, ist neben der Koordination vor allem das Akzeptieren, daß der andere anders ist. Anders nicht nur in seinen fachlichen Qualitäten, anders auch in seinem Temperament, in seiner Emotionalität, in seinem Tempo, in seiner Art, Dinge anzugehen. Gerade aus dem Akzeptieren dieser Vielfalt entsteht das, was die Stärke eines Teams ausmacht:

- Ein Team **weiß mehr.**
- Ein Team **regt an.**
- Ein Team **gleicht aus.**

Am schnellsten erlebt man Teamkultur, wenn man ein Team bei einem seiner Meetings erlebt. Herrscht dort ein partnerschaftliches Zusammenspiel einander mündig nehmender Menschen, oder laufen die zermürbenden Machtspiele und Prestige-Rituale? Die fangen schon an, bevor das Meeting beginnt: Wer läßt wen wie lange, warten? Sitzt man dann gleichrangig im Kreis, oder ist's die lange Tafel mit hierarchischer Sitz-Staffelung? Wer redet wie lange, und wessen Wort hat Gewicht? Auf wen hört man, und wer wird überhört?

Meetings sollten die energiespendenden Auftankstationen eines Teams sein – am schönsten bildhaft deutlich wird das beim American Football, wenn die gepanzerten Kämpfer immer wieder die behelmten Köpfe zusammenstecken, sich Zahlen zurufen, welche die Strategie für den nächsten Spielzug skizzieren, und dann auseinandergehen an ihre Positionen. Das ist effektives Meeting in Zeitraffer.

Über das Verständnis von Teams durfte ich in und mit einer internationalen Gruppe von Trainern und Beratern viel lernen, die sich dieses Thema auch gleich als Programm zum Firmennamen gewählt hat: „Team-Training“ pflegt das Bekenntnis zum Team so zu buchstabieren:

T wie	Tun-Orientierung auf ein gemeinsames Ziel (Target) hin. Alle sind Crew-Mitglieder, es gibt – im Gegensatz zur Gruppe! – keine „Passagiere“.
E wie	Energie, Einsatz, Engagement von Experten – und zwar von so vielen, wie für die Zielerreichung nötig sind, und nicht mehr!
A wie	Akzeptieren, daß der andere anders ist – nämlich anders in seinem Wissen und Erfahrungen, in Fähigkeiten, Temperament und Persönlichkeit.
M wie	Meetings als Miteinander mündiger Menschen, die einander als Partner akzeptieren mit gleichwertigen Meinungen auch bei unterschiedlicher hierarchischer Position.

Ein Teamführer könnte sich daher mit seinen Leuten von Zeit zu Zeit diese Fragen zu den Checkpunkten von Teamqualität stellen:

Zu **T wie Tun und Target**

❍ Sind unsere Leistungsziele allen klar und von allen akzeptiert?

❍ Leben wir nach klaren Verhaltenszielen (Spielregeln, Geboten des Miteinander), die für alle gelten?

❍ Sind unsere Ziele herausfordernd, erreichbar, meßbar, von jedem durch sein Tun beeinflußbar?

❍ Erleben wir uns alle gleich tun-orientiert – d. h. haben wir keine Passagiere und gehören wir alle zur Crew?

Zu **E wie Energie, Einsatz, Engagement**

- Was gibt uns Energie? Woraus beziehen wir Motivation?
- Wo verlieren wir unsere Energie? Gibt es längerfristige Frustpunkte, Reibungsflächen, Sand im Getriebe?
- Werden Einsatz und Engagement auch geschätzt und gewürdigt?
- Welche Erlebnisse dämpfen persönlichen Einsatz?

Zu **A wie Akzeptieren des Andersseins**

- Wie gelingt uns das Akzeptieren unterschiedlicher Qualitäten?
- Sind allen ihre Aufgaben klar, und stimmen sie mit ihren Kompetenzen überein?
- Wie gehen wir mit unterschiedlichen Meinungen und Sichtweisen um?
- Wie erleben wir die Akzeptanz von und zu anderen Teams?

Zu **M wie Meetings in Mündigkeit**

- Erleben wir das Miteinander als Partnerschaft gleichberechtigter mündiger Menschen?
- Ist das Mit-Teilen von Informationen und Gefühlen offen und fair?
- Haben wir ausreichend viele und keine unnötigen Meetings?
- Was fördert oder behindert die Effizienz (= Zeitökonomie) und Effektivität (= Ergebniswirksamkeit) unserer Meetings?

Der Weg zum Team

Team ist nie ein Endzustand, in dem sich eine Gruppe von Leuten in der Sicherheit harmonischer Zusammenarbeit wiegen kann. Team ist das Ziel eines Prozesses, der immer zwischen mehreren Phasen in Bewegung ist. Er läßt sich weder anordnen noch beliebig beschleunigen. Bewußt gestalten läßt sich dieser Prozeß jedoch, wenn man seine Struktur kennt und sich die instinktiven, unter- und unbewußten Muster ansieht, die in ihm enthalten sind, und auch die gezielten und bewußten Spiele, die in ihm laufen können.

Für diese Entwicklungsstufen gibt es einige sinnvolle Bezeichnungen aus dem Bemühen, diesen Weg in definierbare Etappen zu teilen:

„Forming → Norming →Storming →Performing"
ist eine recht schlüssige Formel für den Ablauf des Teamentwicklungs-Prozesses in vier Stufen.

Distanz → Annäherung → Öffnung → Team
(siehe Abbildung 12 auf Seite 106) bezeichnet weitgehend die gleichen Stufen des Weges, den eine Gruppe zu gehen hat, um ein leistungsfähiges Team zu werden, das dann:

- aus hochmotivierten Einzelpersonen besteht,
- die einander ergänzen und vertrauen,
- einander fachlich und persönlich voll akzeptieren,
- zielgerichtet, systematisch und organisiert arbeiten,
- wirkungsvoll kommunizieren und
- mit ausreichenden Kompetenzen in ihrem vereinbarten Rahmen entscheiden.

1. Die Distanz-Phase

Es ist ein natürlicher, von den in der Menschheitsentwicklung ältesten Gehirnteilen gesteuerter Überlebensmechanismus, Neuem zunächst vorsichtig bis mißtrauisch zu begegnen. Instinktiv bewerten wir: Gut für mich oder schlecht für mich? Nützlich für meine Bedürfnisse oder nicht brauchbar? Daher begegnen einander neue Gruppenmitglieder zuerst einmal abwartend, abwägend, beobachtend. Konflikte werden gemieden, soweit sie überhaupt wahrgenommen werden. Man verständigt sich sachlich und höflich. Von Umfeld, Aufgabe und persönlicher Grundeinstellung hängt es ab, wie lange man in dieser Phase (sowie auch in jeder anderen) verweilt.

Der Weg zum Team in 4 Schritten

1. Distanz

Mißtrauen, Vorsicht, Berechnung, höflich, unpersönlich, ängstlich, neugierig, abwartend, verschlossen, Sachebene dominiert, Beziehungsebene wird ignoriert oder gemieden. **Verständigung;**

Wir sind so weit auseinander, daß wir Konflikte nicht wahrhaben können oder wollen.

2. Annäherung

Abstecken der Reviere, Abtesten der Grenzen, Rabattmarkenspiele, Machtspiele, schnelle Kompromisse, sich absichern, reibungsfreie Sachlösungen in Konformität, vorauseilender Gehorsam, Ober- und Untertanen, Suche nach Verbündeten, Gruppen, Cliquen, Beziehungsebene wird spürbar, Sachebene zunächst schwieriger. **Verstehen;**

Wir nehmen einander wichtig, tragen aber aus Angst oder Kalkül Konflikte lieber nicht aus.

3. Öffnung

Konfrontation, Konfliktbereitschaft, sich öffnen und verletzbar werden, durch Gärung zur Klärung, Mut und Vertrauen beginnen zu wachsen, Beziehungsebene wird angesprochen, auf der Sachebene werden neue Energien frei, persönlich werden, Ent-täuschungen, Altlasten aufarbeiten, Enttabuisieren; **Verständnis;**

Wir riskieren es, Konflikte auszutragen, um uns näher zu kommen und uns zu entwickeln.

4. Team

Vertrauen, Akzeptanz, Offenheit, Machtfreiheit, Tabufreiheit, Flexibilität, Kreativität, Innovation, Risikobereitschaft, Engagement, klare Ansprüche und Erwartungen, und Beziehungsebene ergänzen, entwickeln und erweitern einander; **Vertrauen;**

Konflikte erkennen wir als normal und tragen sie angstfrei aus.

Abbildung 12: Der Weg zum Team in 4 Schritten

2. Die Annäherungs-Phase

Auch hier sind instinktive Mechanismen am Werk, die am Hühnerhof oder im Wolfsrudel deutlicher zu sehen (und zu riechen) sind als im Sitzungszimmer oder in der Produktionshalle, dort aber nur mit den Tarnkleidern der Zivilisation verhängt sind: Man testet die Grenzen ab, markiert die Reviere und begründet die Hackordnung. Wer nimmt welchen Raum – wieviel Redezeit, welche Gestaltungsfreiheiten, welche Art von Führung – in Anspruch? Wer wehrt sich wann? Wer setzt Initiativen? Man sucht unter den anscheinend das gleiche Wollenden die Gleichergesinnten und identifiziert die möglichen Rivalen. In dieser Phase enden oft noch Team-Meetings mit der zum Sitznachbarn geraunten Einladung: „Hast noch Zeit für einen Kaffee in meinem Büro? Dann sag' ich dir, wie das alles wirklich ist. Ich will ja hier nicht streiten, aber ..." Denn Konflikte werden spürbar. Sie werden aber aus Kalkül oder auch aus Angst und Unsicherheit nicht ausgetragen, sondern ins „Rabattmarkenheft" zur späteren Einlösung eingetragen. Man stimmt schnellen Kompromissen zu, sucht reibungsfreie Sachlösungen in Konformität und versucht dadurch, von der sachlichen Verständigung zum etwas umfassenderen Verstehen von Zusammenhängen und auch Verhaltensweisen zu kommen.

Der entscheidende Schritt zur Teamentwicklung beginnt jetzt, wenn man sich nicht in die Illusion flüchtet, auf dieser Sachebene – auf der die Beziehungsebene zwar spürbar, aber gemieden wird – könne echte Teamarbeit stattfinden. Es ist das nötig, was die Dichterin Ingeborg Bachmann so feinsinnig *„die Tapferkeit vor dem Freund"* genannt hat. Diese Tugend, die oft viel schwieriger sein kann als die oft verlangte und mitunter ohnehin unausweichliche Tapferkeit vor dem Feind, führt auf die nächste Stufe:

3. Die Öffnungs-Phase

Jetzt gilt es, um zusammenzufinden, das Visier zu öffnen, Schutzpanzer der Höflichkeit und Absicherung abzulegen, bereit zu sein zur Konfrontation.

Schwer tun sich damit vor allem die tüchtigen Macher, die in einer Welt erwachsen (wirklich erwachsen oder nur groß?) geworden sind, in der man gelernt hat, alle Probleme sachlich zu lösen, mit Vernunft und ja nicht mit Emotionen! *„Nur nicht streiten"* ist unser gelerntes Motto. Dabei meinte Charles de Gaulle dazu so treffend: *„Mit Churchill habe ich mich viel und bitter gestritten, aber wir sind immer miteinander ausgekommen. Mit Roosevelt habe ich mich niemals gestritten, aber ich bin niemals mit ihm ausgekommen."*

Hier geht's auch darum, persönlich zu werden, die Rabattmarkenhefte auf den Tisch zu legen und die in den beiden ersten Phasen oder auch schon früher angesammelten Altlasten aufzuarbeiten. Dann erst kann das Vertrauen wachsen, das es ermöglicht, über Verständigung und Verstehen hinaus füreinander Verständnis zu entwickeln. Diese Phase auszulassen, ist ebenso schwer möglich wie aus Traubensaft klaren Wein erzeugen zu wollen, ohne die Phase der Gärung, in der es freilich brodelt, in Kauf zu nehmen. Dabei kann sich auch die Zusammensetzung des Teams neu klären, und gegen Enttäuschungen gibt's keinen Garantieschein. Daß diese auch für Klärung sorgen, sagt ja schon das Wort: Ent-täuschung heißt, von Täuschungen frei werden, die hinter Höflichkeiten und Kompromissen gesteckt haben. Nur hängen wir so an unseren Täuschungen, daß wir dem gram sind, der sie uns wegnimmt.

Durch diese Investition von Energie in die Beziehungsebene werden für die Sachebene neue Kräfte frei, man hat dadurch die Chance, die Zieletappe auf dem Weg zum Team zu erreichen:

4. Die Team-Phase

Nach der Reinigungsphase der Klärung durch Gärung werden Konflikte nicht mehr als Störungen, die zu meiden, sondern als normale Situationen des Zusammenwirkens, die zu bearbeiten sind, erkannt und erlebt. Die Ansprüche und Erwartungen aneinander sind ausgesprochen und bekannt, Sach- und Beziehungsebene ergänzen einander durch Akzeptanz und Vertrauen.

Auf dem Weg durch die dritte zur vierten Phase erweist sich

immer wieder eine Übung als sehr hilfreich, in der Akzeptanz und Konfliktpunkte ebenso geklärt werden wie Ansprüche und Erwartungen, die im Team untereinander herrschen. Für die Wirksamkeit dieser Übung ist es notwendig, die Regeln wie bei einem Ritual einzuhalten. Das Team sollte dazu auch nicht mehr als zehn bis zwölf Mitglieder haben, sonst wird dieser Prozeß ermüdend.

In einem Raum, der groß genug ist, daß die Gesprächspaare einander akustisch nicht stören (ein leiser akustischer „Vorhang" aus Instrumentalmusik kann dazu nützlich sein), sitzen sich jeweils zwei Teammitglieder gegenüber. Drei Minuten lang hat jeweils einer der beiden die Aufgabe, nur zuzuhören – nicht zu hinterfragen, nicht zu rechtfertigen, nicht zuzustimmen, nicht zu antworten, sondern nur zuzuhören. Der andere hat in den drei Minuten Zeit für diese Informationen:

- Das mag ich an dir. – Das gefällt mir an dir. – Das schätze ich an dir.
- Damit habe Schwierigkeiten bei dir. – Das versteh' ich nicht an dir. – Das stört mich an dir.
- Das wünsche ich mir von dir. – Das brauche ich von dir. – Das hätt' ich gerne, erwarte ich mir von dir.

Nach drei Minuten wechseln die Partner Gesprächs- bzw. Zuhör-Richtung. Nach weiteren drei Minuten wechseln die Gesprächspartner – bis jeder mit jedem zweimal drei Minuten der offenen und öffnenden Kommunikation verbracht hat.

Ich bin immer wieder von der befreienden Wirkung überrascht, wenn ich eine Arbeitsgruppe, die sich auf den Weg zum Team gemacht hat, zu einem solchen Entwicklungsprozeß unter vier Augen eingeladen habe. Dabei ist die Erfahrung jedes Mal die gleiche:

Auf das Erschrecken über diese Herausforderung zur Offenheit, die man sich ja noch immer selbst dosieren kann, folgt die Überraschung, daß das gar nicht so schwierig ist, und dann die Erleichterung über die Wirkung: „Das war wie ein belebender Saunagang!" – „Erstaunlich, daß man sich in drei Minuten so viel sagen kann, wofür man jahrelang nicht Zeit gehabt hat!"

Team oder Einzelkämpfer? Team und Einzelkämpfer!

Ein Team ist das Ergebnis eines Entwicklungsprozesses, der im emotionalen Zueinanderfinden ebenso stattfindet wie in der sachlichen Zusammenarbeit.

Dieser Prozeß muß auch nicht unbedingt überall dort stattfinden, wo Spezialisten in Arbeitsteilung zusammenarbeiten. Teamarbeit ist eine für komplexe Aufgaben sinnvolle Möglichkeit der Organisation, aber nicht die einzig mögliche Form.

In der in letzter Zeit etwas überzogenen Idealisierung von Teamarbeit steckt auch die Gefahr, Aufgaben und Abläufe zu komplizieren, die am besten ein tüchtiger Spezialist erledigt. Der kann ja bei anderen Rat und Informationen einholen und Teile der Arbeit delegieren. Gerne wird ein Team auch als Fluchtpunkt aus der Verantwortung benutzt. Im Team kann man bei Bedarf auch in Deckung gehen, und wenn man für etwas keine Antwort weiß, ist man mit der Ratlosigkeit zumindest nicht allein. Entscheidungen lassen sich aufschieben und auf ein Kollektiv abschieben.

Team ist nicht die verbesserte – oder, was Entscheidungen betrifft: verwässerte – Alternative zum Einzelkämpfer, sondern das Ergebnis aus dem Zusammenspiel eigenverantwortlicher Akteure. Teamarbeit ist die sinnvolle und produktive Alternative für ausreichend komplexe Aufgaben, wenn in ihr die Qualitäten der Wasser-Energie fließen. Es gibt freilich auch Aufgaben, welche besser mit der Feuer-Energie des Einzelkämpfers zu lösen sind.

Die Stärken eines Teams konzentrierte ich oben in die Formel: Ein Team weiß mehr, regt an, gleicht aus. Wenn diese Qualitäten nicht gefordert sind, sollte man daher nicht Teams strapazieren. Das sind vor allem Situationen, in denen es um die Ausarbeitung, auch um das Ausprobieren, Experimentieren, Analysieren, Überdenken und Umsetzen geht. Das sind die Aufgaben, für deren Lösung oft das effektivste Team aus einer ungerade Zahl besteht, die unter drei liegen soll …

Situatives Management und einfühlsames Leadership zeigen und bewähren sich unter anderem im Einsatz der passenden Energie-Qualitäten und Organisationsformen für die jeweils zu lösende Führungsaufgabe.

Die Schwierigkeit liegt oft nur darin, daß wir die Energien und Qualitäten, die der persönlichen Mentalität, dem eigenen Temperament näher liegen, für die besser geeigneten halten – getreu dem Motto: „Wer einen Hammer als Werkzeug hat, sieht in jedem Problem einen Nagel."

Es gibt für jedes Element die passenden Aufgaben, und es gibt für jede Aufgabe die geeignete elementare Qualität. Elementar situatives Führen kann unterscheiden und auswählen.

LUFT

Vision – Innovation – Kommunikation

Du kannst die Grenze nicht des Denkens überschreiten,
doch stehend an der Grenz' hinüberschau'n vom Weiten;
und wie dein Auge sieht, was es nicht kann ergreifen,
so kann dein höh'rer Sinn ins Undenkbare schweifen.

Friedrich Rückert

Das Element Luft

bildhafter Eindruck	abstrakte Qualität	abgeleitete Verhaltens-Entsprechung
ist nicht greifbar	Beweglichkeit	Flexibilität, Wendigkeit, Kreativität, Innovation, Vielfalt, Gedankenspieler
ist zwischen allem	Vermittlung	Vielseitigkeit, Interesse, Neugier, Kontakt, Wissensdrang, Instabilität
bietet keinen Widerstand	Neutralität	harmonisierend, unentschlossen, relativierend, unverbindlich, diplomatisch
entweicht überall	Flüchtigkeit	Unruhe, Rastlosigkeit, Sprunghaftigkeit, Ablenkung, unzuverlässig, unberechenbar

Mit diesem Element beginnt menschliches Leben, und ohne Luft kann es nicht mehr weiter bestehen. Kein anderes Element finden wir daher in so vielen Redensarten wie dieses. Und in all den Wortbildern schwingt das Verständnis mit für Verhaltensweisen und Lebensumstände, für die es Symbol ist:

Luftikus und Hans-Dampf in allen Gassen, Luftschlösser und Wolkenkuckucksheime, ... Etwas liegt in der Luft oder ist aus der Luft gegriffen, jemand wird wie Luft behandelt oder an die Luft gesetzt, wenn dicke Luft herrscht. Dann ist die Luft wieder rein, und man kann sein Fähnlein nach dem Wind richten, wenn man weiß, woher der Wind weht.

Schon daran sehen wir Vielseitigkeit und Allgegenwart dieses Elements. Es umhüllt und umgibt uns, solange wir leben, und verbindet uns in unverbindlicher Weise. Es trägt klimatische Erscheinungen (oder auch ökologische Belastungen, wie die unsichtbare Radioaktivität) von einem Kontinent zum anderen und wird auch von Freund und Feind im selben Raum geteilt. In seiner Ausdehnung, die ausgebreitet die Größe eines Fußballfelds einnehmen würde, ist somit das Atmungsorgan Lunge das größte Austausch- und Kontaktinstrument. So ist das Element Luft unter anderem Symbol für *Vermittlung* und *Austausch, Kontakt* und *Kommunikation.* Betriebsklima und Büroatmosphäre können auch, ohne daß es sogleich sichtbar wird, klar sein oder belastet und vergiftet.

Wenn das Kommunikationsmittel Werbung Wirkung erzielen soll, muß seine Bildersprache symbolisch stimmig sein. Das sieht man recht deutlich auch dort, wo sich Werbung mit Luft beschäftigt, auch wenn es die verunreinigte Luft des Rauchens ist. Erfolgreiche Zigaretten-Kampagnen benutzen die Themen, die der Analogie des Elements Luft entsprechen: Kontakt und Kommunikation (man bietet einander Zigaretten an, raucht miteinander, Rauchen wird zur Kontakthilfe) oder Freiheit und Abenteuer (die gesamte Marlboro- oder Camel-Werbelinie oder einst „Die weite Welt der Peter Stuyvesant").

Das ist ja das zweite Leitmotiv des Luft-Elements: Es läßt sich nicht eingrenzen, steuern, lenken, untertan machen. So ist es seit jeher die Metapher für *Freiheit* und *Flexibilität,* für das *Ausbrechen* aus jeder Beengung und Konformität. *Beweglichkeit* bringt *Vielseitigkeit* und diese wiederum viele Sichtweisen. Wer sich nicht mit einem Blickwinkel begnügt, lernt auch die Sichtweisen anderer kennen, die ihn wiederum selbst auf neue Ideen bringen. Daraus folgen *Kreativität* und die Bereitschaft zur *Innovation.*

Ein besonders schönes Bild zu dieser Luft-Qualität, die uns Visionskraft gibt mit dem Bekenntnis zum vollen Risiko des Scheiterns und die auch zur Einsamkeit des Individualisten führt, schuf dazu Richard Bach mit der Geschichte der Möwe Jonathan[22]:

„Was er sich einst für seinen Schwarm erhofft hatte, ihm allein wurde es zuteil. Er lernte, was wahrhaft Fliegen heißt, und er bereute nie den Preis, den er dafür bezahlt hatte. Die Möwe Jonathan entdeckte, daß nur Langeweile, Angst und Zorn das Leben der Möwen verkürzen. Nachdem diese drei von ihm gewichen waren, lebte er ein langes und ein wahrhaft lebenswertes Leben. Ohne Bedenken brach er das Versprechen, das er sich selbst gegeben hatte. Derlei Schwüre gelten nur für Möwen, die mit dem Mittelmaß zufrieden sind. Wer einmal das Außerordentliche erfahren hat, kann sich nicht mehr an die Normen des Durchschnitts binden."

Aus der Masse und aus den Verwicklungen des Alltags sich in luftige Höhen herauszuheben, heißt *visionär* zu sein. Diese Luftschlösser sind Entwurf und Anregung für die *Leitbilder,* die dann Unternehmen tragen können.

Die Trilogie der Luft

Der Dreiklang des Verhaltens stellt sich daher im Zeichen des Luftelements so dar:

22 Richard Bach: „Die Möwe Jonathan", Berlin 1970.

1. Die *Wahrnehmung* der Luft erkennt Prozesse, Bewegungen, Entwicklungsabläufe. Sie fragt nicht nach dem Sinn dahinter, sondern tastet die Oberfläche auf ihre Erscheinungsformen ab. Wo Feuer den Wettkampf sucht und wo Wasser die Hintergründe erspüren will, begnügt sich „luftige" Wahrnehmung mit der äußeren Form als interessante Anregung. An ihr kann sie aber nicht verweilen, weil es soviel Verschiedenes und immer wieder Neues von Interesse gibt. *Inter esse* heißt ja im Lateinischen ganz einfach „dazwischen sein" und bezeichnet so treffend diese Schmetterlings-Bewegung der Wahrnehmung nach Luft-Qualität: von einem Objekt zum nächsten – unstet, unruhig, unbeständig, aber schneller als die anderen, weil die Intuition eine Vision erkennen läßt, während andere noch nach Fakten, Ziffern, Daten, nach Hintergründen und Bedeutungen suchen oder auch schon mit der Umsetzung der erstbesten Idee beschäftigt sind.
2. Das leitet auch schon über zur *Verarbeitung* nach Art der Luft: Informationen werden gesammelt, um eine Vielfalt im Denken, um Varianten zur Entscheidung zu haben. Dabei wird leicht das Sammeln zum Selbstzweck und das Entscheiden zum Problem. Denn jede Variante könnte ja gleich gültig sein, so daß für den flexiblen Gedankenspieler jede Entscheidung eine Ablehnung möglicherweise gültiger Alternativen bedeutet. Gleichgültigkeit muß also nicht Teilnahmslosigkeit bedeuten – sie kann auch Ergebnis eines Prozesses sein, in dem Fixierungen aufgegeben werden, um Toleranz und Akzeptanz Platz zu machen.
3. Daher ist das *Handeln* zunächst überhaupt am wenigsten Sache des Luftelements, weil es vor lauter Denken in Möglichkeiten schwer zum Schaffen von greifbarer, fixierbarer Wirklichkeit kommt. Zur innovativen Lösung führt hier bevorzugt der Versuch-Irrtum-Prozeß. Neues wird ausprobiert und kontrolliert, verworfen und korrigiert. Es wird zu Neuem angeregt, die Ausführung aber schon lieber anderen überlassen, denn man hat ja schon wieder das Nächste im Blickfeld.

Im Führungsprozeß ist Luft die Energie, die anregt und belebt. Die Fähigkeit, Visionen zu haben und mit ihnen Mitarbeiter anzuregen, ist daher eine Führungsqualität der Luft.

„Vision“ kommt vom lateinischen „videre“ und hat daher mit Sehen zu tun. Visionen kann der entwickeln, der mehr sieht als die anderen – der zuerst von allen Seiten und aus allen Blickwinkeln das sieht, was rund um ihn *ist,* und dann das zu sehen vermag, was *sein könnte* und *möglich wäre.* Dafür ist eine Voraussetzung, daß er sich von den Fakten der gegenwärtigen Realität nicht fesseln und blockieren läßt. Er steigt in seinem Luftballon der Phantasie auf, um zunächst den besseren Überblick zu haben, um aus der Distanz klarer zu sehen, als wenn er ins Detail vertieft wäre, und damit auch zeitlich in weitere Fernen zu schauen. „Hellsehen“ ist keine Kunst und kein magisches oder mystisches Geheimnis, wenn man es als „Klarsehen“ übersetzt und versteht.

Die Zukunft läßt sich eben am besten vorhersagen, wenn man die Phantasie hat, sie sich vorzustellen, und wenn man dann noch den Mut und die Kraft hat, sie selbst zu gestalten.

Wissen und Phantasie sind dabei keine Gegenspieler oder Alternativen, sondern einander ergänzende Erkenntnisweisen. Falls man zwischen beiden doch werten möchte, empfiehlt es sich, Albert Einstein zu folgen: *„Phantasie ist wichtiger als Wissen; denn Wissen ist begrenzt, Phantasie aber umfaßt die ganze Welt.“*

Und vor zweieinhalb Jahrtausenden meinte der Grieche Euripides: *„Die wertvollste Eigenschaft des Menschen ist ein kluges Gespür für das Unglaubwürdige.“*

Zu diesem zählte für viele auch, was in den sechziger Jahren die revoltierenden Studenten und die Flower-Power-Generation gemeint und was ihre Propheten und Theoretiker über die „Wendezeit“ (Fritjof Capra) und über die „Sanfte Verschwörung“ (Marylin Ferguson) gesagt und geschrieben oder auch gesungen haben. Wer sich mit dem im Musical „Hair“ angekündigten „Age of Aquarius", also mit der symbolischen Bedeutung des „Wasserman-Zeitalters" beschäftigt hat – und somit sein Wissen mit Phantasie und dem Gespür für das Unglaubwürdige verbunden hat –, für den waren die Phänomene des ausklingenden Jahrhunderts und somit die Themen des folgenden Jahrtausends keine Überraschungen mehr: Globalisierung, Liberalisierung, Deregulierung, Digitalisierung, Entmaterialisierung der wirtschaftlichen Werte und daraus folgend Wissensmanagement, virtuelle Unternehmen sowie die Eskapaden der Finanzwirtschaft sind für visionäre Denker mit Symbolverständnis folgerichtige Entwicklungen, auf die man sich schon lange – mit klarem Blick statt mit Hellseher-Kugel – vorbereiten konnte.

Für dieses Hell- und Klar-Sehen einer Vision ist die Vielfalt der Eindrücke und Sichtweisen notwendig. Was liegt daher näher, als diese Vielfalt durch das Wissen und die Fähigkeiten, durch die Eindrücke und das Ausdrucksvermögen mehrerer Personen zu steigern in der anregenden Atmosphäre eines Teamprozesses? Außerdem ist der Luftpolster einer gemeinsam erarbeiteten Vision natürlich auch viel tragfähiger – oder besser: ist der motivierende, weil alle verbindende und identifizierende Sog viel stärker, der von einer solchen Teamvision ausgeht.

Aus mehrfach erlebtem Anlaß: Laden Sie Ihre Mitarbeiter *rechtzeitig* zu einem solchen Visionsprozeß ein. Zu häufig läuft die Dramaturgie einer solchen „Zukunftswerkstatt" nämlich so ab: Chef träumt visionär (oder wünscht sich was) und schießt auf das Ziel zu oder läßt das Topmanagement schießen – d. h. mit der Umsetzung beginnen. Wenn dann Aktionismus ausbricht und es mit der Umsetzung mangels Identifikation an allen Ecken und Enden klemmt, werden die Mitarbeiter mit dem eher scheinheiligen Interesse an ihren Ideen zum nachträglichen Zielen eingeladen. Für die, welche dieses Spiel durchschauen, und für die, zu denen sich's durchspricht, ist der Motivations-Kick einer solchen „Visions-Arbeit" verständlicherweise begrenzt.

Visionäre Zukunftsgestaltung ist auch kein kollektives Krisenmanagement. Wenn „der Hut brennt" und der Druck aktueller Änderungsbedürfnisse zu groß ist, können die Ideen nicht ihren freien Möwen- und Schmetterlings-Flug entfalten. Dann sind zuerst die akuten Themen zu lösen. Freilich kann die Beschäftigung mit den alltäglichen Dringlichkeiten auch ein Ausweichverhalten sein, um sich nicht der schwierigeren, wichtigeren Denkaufgabe der langfristigen Zukunftsplanung zu stellen. Doch arbeiten, um nicht denken zu müssen, ist auch eine Art von Faulheit.

Die gemeinsame Visions-Erarbeitung ist auch kein Schnellsiedeprogramm fürs Wochenende, „weil ja nicht alle so lange weg von der Arbeit können". Erstens: Das *ist* Arbeit und nicht Incentive- oder Fortbildungsprogramm. Und zweitens: Das braucht Zeit in einer – zwischendurch auch immer wieder geographisch – vom Unternehmensalltag abgehobenen Atmosphäre.

Eine Unternehmensvision ist ein auf der Grundlage von vielfältiger Sachkenntnis und Beobachtung durch kreative Leistungen geschaffenes Bild einer möglichen anstrebenswerten Zukunft. Ihre Gestalter kennen Entwicklungen und Trends sowie die eigenen Fähigkeiten und Möglichkeiten. Nicht aber um ihnen zu dienen, sondern um sie zu erweitern.

Vom Luftschloss zum Ziel

Visionserarbeitung ist (noch) nicht Reengineering, kann aber dazu die Grundlage sein. Sie ist kein Kontinuierlicher Verbesserungsprozeß (KVP), kann aber für diesen dann Anregungen geben. Sie ist auch nicht Phantasterei, Träumerei und Spinnerei – doch könnte all das durchaus am Anfang stehen, damit zunächst der frische Wind aus den Luftschlössern die Begrenzungen des alltäglich für möglich Gehaltenen durchweht.

Deshalb sollten beim ersten Schritt Phantasie und Kreativität ungehemmt angesprochen und eingefordert werden. Das ist eine Aufgabe, die natürlich ein Team besser kann, weil es eben mehr weiß und einander anregt. Es soll dazu auch nicht mehr als fünf Teammitglieder haben. Die Arbeiten von zwei oder drei solcher kleiner Teams werden dann präsentiert, die Gemeinsamkeiten und Unterschiede besprochen und dann zu einer gemeinsamen Vision komprimiert. Die Aufgabenstellung dazu kann in etwa so lauten:

> Wir haben heute den 17. Mai 2010 (Datum von jeweils zehn Jahren nach dem tatsächlichen Beginn dieser Arbeit) und gestalten nun ein Bild, um einem Besucher unser Unternehmen darzustellen:
>
> - So sieht der *Markt* aus, auf dem wir uns bewegen:
> - In ihm haben wir diese *Position:*
> - Das sind unsere *Kunden:*
> - Das sind *Ansprüche und Erwartungen* unserer Kunden:
> - So sehen unsere *Produkte* aus:
> - So sehen unsere *Dienstleistungen* aus:
> - Diese *Mitarbeiter* (Qualität und Quantität) stellen sie her:
> - Und zwar mit dieser *Technologie:*
> - Dafür sind wir in dieser Weise *organisiert:*

Ob nun zehn Jahre der optimale Zeitraum in dieser Aufgabenstellung sind, hängt weitgehend von der Branche ab, in der man sich bewegt. Für beschleunigte Märkte wie die Computerbranche oder auch andere Kommunikationsmärkte, sind fünf Jahre geeigneter. In beständigeren Märkten – soweit es die überhaupt noch irgendwo gibt – verführt allerdings ein solch engerer Zeithorizont zu sehr zum Festhalten an derzeitigen Situationen und zu ihrem Fortschreiben. Die Zehn-Jahres-*Vision* kann ja dann in einem zweiten Schritt zum Fünf-Jahres-*Ziel* realistisch reduziert werden.

In der Aufgabenstellung heißt es auch „gestalten", nicht „beschreiben". Das ist die Aufforderung, kreativ bildhaft zu werden, bedeutet aber auch kein Verbot schriftlicher Erläuterungen. Es soll die Einladung sein, mit kindlicher Freude an Farben und Formen der Phantasie freien Lauf zu lassen. Das Visionsbild soll auch unbedingt in der Lebendigkeit und Konkretheit der Gegenwartsform dargestellt und präsentiert werden, so als wären wir schon dort. Also nicht Zukunftsform („wir werden") oder Möglichkeitsform („wir könnten, sollten, müßten"), sondern: „wir sind" und „wir machen" im zweifelsfreien Präsens. So als ob's jetzt schon Wirklichkeit wäre.

Es versteht sich wohl von selbst, daß in dieser Phase Kritik und jede Killerphrase („Das geht doch nicht!" – „Das haben wir schon versucht!" – „Das hat schon bei denen nicht funktioniert!" Weitere Auswahl siehe untenstehenden Kasten) strengstens verpönt sind.

Die 20 erfolgreichsten Visionen-Killer

1. So haben wir das noch nie gemacht.
2. Das haben wir schon immer so gemacht.
3. Das hat noch bei keinem funktioniert.
4. Das haben schon viele versucht.
5. Das hat sich noch keiner getraut.
6. Das geht vielleicht bei einem großen Unternehmen.
7. Das funktioniert vielleicht bei einer kleineren Firma.
8. Warum sollen wir daran was verändern?
9. Das genehmigt der Vorstand nie.
10. Das schaffen unsere Leute sicher nicht.
11. Das ist ein viel zu sensibles Thema.
12. Daran sollte man besser nicht rühren.
13. In unserer Branche ist das ganz anders.
14. Weil's eben nicht geht, basta.
15. Dafür haben wir kein Geld.
16. Dazu fehlt uns die Technik.
17. Darin haben wir leider keine Erfahrung.
18. Wir haben genug andere Sorgen.
19. Das rechnet sich nie und nimmer.
20. Unsere Erfolge beweisen, daß es nur so geht wie bisher.

Dafür ist ja noch reichlich Zeit beim nächsten Schritt mit der Aufgabenstellung:

„Was davon trauen wir uns zu, tatsächlich zu erreichen und zu gestalten?" Jeder Abstrich von der ersten Vision ist dabei jedoch zu begründen und jedes „Geht nicht" ist zu ergänzen, mit dem Zusatz: „Es würde aber gehen, wenn ..." Dann erst ist zu prüfen, ob dieses „Wenn" sinnvollerweise erstrebenswert ist. Ein „Geht nicht" gibt's nicht. So hat man die größte Chance, dem frustrierenden, aber oft genug gehörten Motto zu entgehen, das da heißt: „Tolle Idee – machen wir auch nicht."

Besondere Wachsamkeit verdient hier der Kniefall vor den Experten. Jeder Unsinn, geschweige denn jede Ablehnung von Neuem, läßt sich am leichtesten durchsetzen, wenn man behauptet, Experten – überhaupt todsicher, wenn man eine beliebige (bevorzugtermaßen eine kalifornische) Universität dazu nennt – hätten festgestellt ...

Hätten die Experten immer recht behalten, gäbe es heute vieles nicht auf dieser Welt. Zum Beispiel die Narkose: *„Die Überwindung des Schmerzes in der Chirurgie ist ein Hirngespinst. Es ist lächerlich, heute noch danach zu suchen. Messer und Schmerz sind zwei Wörter der Chirurgie, die im Bewußtsein des Patienten immer zusammengehören werden. Mit dieser vorgegebenen Beziehung werden wir uns abfinden müssen."* (Dr. Alfred Velpeau, französischer Chirurg, 1839, sieben Jahre vor der ersten Narkose.)

Oder den Intercity: *„Jedes öffentliche System zur Personenbeförderung mit einer höheren Geschwindigkeit als zehn Meilen pro Stunde ist äußerst unwahrscheinlich."* (Thomas Tredgold, britischer Eisenbahnkonstrukteuer, 1835; zehn Jahre später fuhren Eisenbahnen mit 45 km/h.)

Und noch ganz prominent: *„Es gibt keine Ausrede, welche die Verwendung von Hochspannung und Wechselstrom, sei es im wissenschaftlichen, sei es im kommerziellen Sinn, rechtfertigen könnte."* (Thomas A. Edison 1889, wenige Jahre bevor die erste Straßenbahn mit Wechselstrom betrieben wurde.)

Dafür wurde er auch selbst Opfer der Experten im Parlament, das seine Vorstellung, eine Glühbirne zu entwickeln, ein Jahr vor ihrer Präsentation „der Beachtung durch Männer der Praxis oder Wissenschaft nicht wert" hielt.

Es gibt auch wesentlich aktuellere Beispiele: Ross Perot lehnte einst dankend ab, die mittelgroße Softwarefirma Microsoft zu kaufen, und Digitals Generaldirektor schätzte den weltweiten Bedarf an Personal-Computern auf „etwa 500 Stück". Digital hatte zwar noch diesen Boß überlebt, bevor es von Compaq gekauft wurde, und Ross Perot ist auch nicht gerade verarmt, dürfte sich aber doch zumindest heimlich über den Vermögensunterschied zu Bill Gates etwas ärgern.

Vision vor Situation und Rückblick

Wenn aus der Vision nun das herausfordernde, aber erreichbar erscheinende Ziel destilliert worden ist – erst dann und nicht früher! –, sollte man den Blick zurück ins Hier und Heute richten. Die inhaltliche Distanz zwischen dem Ist und dem Soll ist die Kluft, für deren Überbrückung die bestmögliche Strategie dann erarbeitet wird.

Es gibt einige Theoretiker und auch Praktiker, die den Weg zur Strategie mit der Rückschau auf die Wurzeln und mit der Situationsanalyse beginnen. Sie stellen die Sammlung der Daten und Fakten über den Status, über Erfolge und Mißerfolge des Unternehmens voran. Die Argumente sind auch plausibel: Man müsse erst die Stärken und Schwächen sowie deren Herkunft und Entstehen kennen, bevor man in die Zukunft schaue. Man solle gewissermaßen erst Bauweise und Ausstattung des Fahrzeugs kennen, bevor man sich Gedanken mache, welche Reise man mit ihm unternehmen oder an welchem Rennen man mit ihm teilnehmen könne. Das hat schon was für sich. Der Preis dafür ist allerdings, daß ein Prozeß, von dem auch Motivation und Begeisterung ausgehen soll, auf diese Weise mit langwierigen Analysen beginnt, in denen man sich auch sehr leicht auf Schienen setzt, auf denen später Richtungsänderungen mühsam sind. Fortschritt ist dann auf kontinuierliche Weiterentwicklung reduziert. „Zu viel Analyse führt zur Paralyse" sollte dazu die Warnung sein.

Der andere Weg – erst Vision und Zielbestimmung, dann die Rückbesinnung auf Herkunft und Status – kann freilich in die Gefahr führen, zu sehr abzuheben. Doch scheint mir dies das geringere Risiko zu sein. Denn das Grundwissen um Stärken und wesentliche Kompetenzen, das notwendig ist, um dieser Gefahr zu entgehen, darf in den Mitarbeitern vorausgesetzt werden. Phantasie und Kreativität anzuregen scheint mir heute die wichtigere Forderung zu sein als der Appell an analytische Fähigkeiten.

Wenn nun unter dem Dach der Vision das „Zielfoto" beschrieben ist, beginnt die Detailarbeit der einzelnen Bereiche:

- Welche Hindernisse könnten auf der Strecke im Weg liegen?
- Mit welchen Maßnahmen sind sie zu überwinden?
- Welche unserer Stärken helfen uns dabei?
- Welche sind neu zu entwickeln?
- Von welchen Verhaltensweisen und Gewohnheiten müssen wir uns dazu verabschieden?

Dieser Weg von der *Vision* und dem *Ziel* über die *Bestandsaufnahme* zur *Strategie* mit *Maßnahmenplänen* für zielorientierte *Aktion* erscheint so selbstverständlich, daß wirklich nur die Frage offen bleibt, warum er so selten gegangen wird. Oder kennen Sie nicht auch den umgekehrten Weg?

Er sieht so aus und ist gar nicht selten: Alle sind hektisch in *Aktionen* beschäftigt, die zu improvisierten *Maßnahmenplänen* verdichtet werden, aus denen endlich einmal eine *Strategie* erkennbar werden soll. Nachdem Mitarbeiter und Mittelmanagement an der *Bestandsaufnahme* sehen, daß man so nicht weiterkommt, fordern sie klare *Zielvorstellungen* ein. Daraufhin setzt sich das Topmanagement zusammen und gibt ein Wunschbild bekannt, das zur *Vision* erklärt wird.

Dabei ist der **Nutzen** dieser Arbeit – in der erstgenannten Abfolge, versteht sich – ein mehrfacher:

- Alle unternehmerischen und betrieblichen Aktivitäten bekommen eine erkennbare, sinnvolle gemeinsame Grundrichtung.
- Die emotionalen Kräfte von Management und Mitarbeitern werden durch Sinn- und Zielorientierung mobilisiert.
- Die Kompaß- und Leuchtturmfunktion schafft klare Handlungsimpulse.
- Freiräume für Selbstverantwortung bieten sich innerhalb der erkennbaren Leitschienen an.
- Der Prozeß der Visionsfindung selbst schafft Zusammenhalt und gemeinsame Identifikation mit dem Unternehmen.
- Das Unternehmen gewinnt Profil gegenüber Mitarbeitern, Partnern und in der Öffentlichkeit.

Die **Fallen,** die auf diesem Weg lauern, sind freilich auch vielfache und können sein:
- zu allgemeine Formulierungen, Flucht in Phrasen;
- zu kurzfristige Perspektive oder strategische Enge;
- große Widersprüche zwischen der Vision und dem tatsächlichen Verhalten – vor allem der Führungskräfte;
- mangelhafte interne Kommunikation des visionären Leitbilds;
- Einhaltung und Umsetzung werden weder gefördert noch gefordert.

Von der Technik zur Kunst des Veränderns

Die Namen für Veränderungsprozesse in Unternehmen sind Legion und werden jährlich um drei Etiketten erweitert. In ihnen regieren Radikalismus („Total Quality Managament", „Total Customer Satisfaction", ...) und Mechanisierung („Reengineering", „Restructuring", ...) – zumindest was die Sprache betrifft. Doch Sprache ist Symbol für Inhalt und es ist unmöglich, sein

Verhalten neu zu orientieren, ohne die Sprache neu auszurichten. Deshalb sind die Bezeichnungen von Prozessen nicht nur Etiketten oder Fassaden. Deshalb ist Kommunikation nicht nur Verpackung, sondern vor allem auch Inhalt von Veränderungsprozessen.

„Die radikale Neu-Gestaltung von Unternehmensprozessen braucht Techniken. Aber sie ist keine Technik. Sie ist eine Kunst."[23] In jeder Kunst ist Technik und Handwerk ein wichtiger Teil – aber nicht die ganze Kunst. Wer in einem Unternehmen etwas verändern will, muß Verhalten verändern. Wer Verhalten verändern will, muß an Einstellungen und Denkweisen, an Mustern und Gewohnheiten arbeiten. Das sind Prozesse, die nicht mit Ingenieurs-Wissen und nicht mit Betriebwirtschafts-Kenntnissen zu steuern und zu beeinflussen sind.

Freilich sind diese beiden Disziplinen hier gefordert. Sie sind aber auch überfordert, wenn nicht Prinzipien, Erfahrungen und Kenntnisse aus anderen Disziplinen hier als mindestens gleichberechtigte Träger des Prozesses rechtzeitig eingebunden werden. Gleichberechtigt und rechtzeitig – und nicht als Zierat oder als Rettungsprogramm, wenn man merkt, daß die Technokraten im Strudel unvorhergesehener Turbulenzen unterzugehen drohen und ihnen die Bürokraten Schwimmwesten aus Beton (sprich: Organisationshandbücher mit Checklisten) zuwerfen.

Von diesen Disziplinen als erste gefordert ist die Kommunikation. Nur über sie und ihre bewußte sowie gezielte Steuerung sind Veränderungsprozesse erfolgreich zu bewältigen.

Kommunikations- und Führungskultur werden zwar in Unternehmensleitbildern gerne und ausführlich beschrieben, aber wesentlich weniger gerne und vor allem nicht kontinuierlich bearbeitet. Sie werden zumeist nicht als wesentlicher Teil der Arbeit gesehen, sondern als das, was sich aus der Arbeit ergibt. So zufällig ist dann auch oft ihr Ergebnis.

Veränderungsbereitschaft, Flexibilität und Kommunikation – diese drei Qualitäten der Luft-Energie müssen zusammenkom-

23 Bernhard von Mutius: „Die Kunst der Erneuerung", Frankfurt/M. 1995.

men und auch zusammenspielen, wenn das Management des Wandels gelingen soll. Dann gilt es, diese Teilung zu überwinden, die oft genug so ausgesehen hat: Mit dem Strukturwandel beschäftigt sich die Unternehmensleitung, unterstützt von den Technik-, Finanz- und vielleicht auch noch Rechtsexperten. Der Kulturwandel wird den Personalentwicklern und Kommunikationsexperten überlassen. Er soll aber bitte, wenn's leicht geht, die Struktur-Strategen in ihrer Arbeit sowie in ihren vertrauten Mustern und Gewohnheiten nicht stören.

Führungskräfte, denen die Qualitäten des Luftelements fehlen, beugen sich der Notwendigkeit von Veränderungsprozessen erst, wenn's bergab geht. Sind aber die Probleme erst einmal unübersehbar da, dann ist das Ansehen der Führung bereits angekratzt, ihre Glaubwürdigkeit verspielt. Die weitaus größere Chance haben Veränderungsprozesse, solange es noch bergauf geht. Um diesen Grundsatz zu unterstreichen, zitiert der Berater und Autor Charles Handy gerne den Vorstandsvorsitzenden, der vor versammelter Mannschaft folgendermaßen gesprochen haben soll: *„Zuerst darf ich Sie erinnern, daß wir eine sehr erfolgreiche Gesellschaft sind – heute vielleicht erfolgreicher denn je. Zweitens muß ich Ihnen mitteilen, daß wir, wollen wir unseren Erfolg fortführen, unsere heutige Arbeitsweise grundlegend ändern müssen."*

Was immer es daher gewesen ist, was uns dorthin gebracht hat, wo wir heute sind – es wird nicht genügen, damit wir auch dort bleiben. Rechtzeitig Veränderungen in Gang setzen heißt: ständig bereit sein, Alternativen zum derzeitigen Handeln zu finden und zu überprüfen. Dauerhafter Erfolg verlangt ständig die Veränderung zu managen – oder das Management zu verändern.

Wenn wir die Veränderung als eine Kunst bezeichnet haben, so besteht die erste Kunstfertigkeit schon darin, zu erkennen, wann die Zeit für Veränderung gekommen ist. Doch das ist ganz einfach: Jetzt. Ganz egal, wie alt das Unternehmen ist, egal, in welcher Position und Situation es sich befindet: Einfach jetzt.

Bei jedem Handgriff, bei jedem Prozeß, bei jedem Ablauf, der in einem Unternehmen heute genau so läuft wie vor fünf Jahren, liegt der Verdacht nahe, daß er falsch läuft – auch wenn er erfolgreich läuft. Und bei jeder Routine, die in fünf Jahren so läuft wie heute, sollte man dringlich prüfen, in welchen Alternativen sie laufen könnte. Damit sollte man aber nicht erst in fünf Jahren beginnen. Denn wenn man dem Ungemach erst ins Auge blickt, ist Verändern keine Kunst mehr, sondern eine ganz banale Dringlichkeit – und deren Ergebnisse sind meist keine Kunst-, sondern Machwerke.

Die 8 Gebote des Misslingens von Wandel

1. Sehen Sie Veränderungsprozesse als Ausnahmezustand, der am schnellsten vorübergeht, wenn man in Deckung geht und sich nicht dadurch in der täglichen Arbeit beeinträchtigen läßt.
2. Lassen Sie sich überraschen, was aus einem Projekt herauskommen kann, wenn man es nur lange genug vor sich hintreiben läßt.
3. Verordnen Sie nötigenfalls die Verhaltensthemen, die sich zu verändern haben, und beachten Sie dabei die Unterschiede nach Hierarchiestufe.
4. Freuen Sie sich möglichst früh über die Erkenntnis. „Jetzt weiß ich, wie's geht." So können Sie vorgesehene Schritte, die zu weiteren Erkenntnissen oder zu deren Durchsetzung oder Kontrolle führen würden, abbrechen.
5. Lassen Sie Veränderungsprozesse von möglichst vielen Experten gestalten, die einander nicht mit Informationen und Kommunikation verwirren.
6. Betrachten Sie Veränderungsprozesse in allererster Linie als technische, organisatorische, logistische, administrations- und verrechnungstechnische Aufgabenstellungen, in denen Emotionen nichts verloren haben.
7. Wenn sich immer so vieles verändert, muß es auch etwas geben, worauf noch Verlaß ist. Bleiben Sie daher Ihren bewährten Denkgewohnheiten und Verhaltensmustern treu – schließlich sind Sie mit ihnen erfolgreich gewesen.
8. Beginnen Sie Veränderungsprozesse erst, wenn Sie mit den bisherigen Methoden total gescheitert sind und mit ihnen absolut nicht mehr weiterkommen.

Der nächste oder übernächste Nobelpreis für Wirtschaftswissenschaften liegt abholbereit in Stockholm. Er wird wohl an den oder die vergeben werden, die den heute wesentlichen Produktionsfaktor eines Unternehmens zweifelsfrei und objektiv meßbar und bewertbar macht oder machen: das Wissen, das intellektuelle Kapital, den Stoff aus dem die wirtschaftlichen Erfolge von heute und morgen sind. Von den klassischen Produktionsfaktoren unterscheidet diesen, daß er im Gegensatz zu Boden, Kapital und Arbeit nicht sichtbar, nicht greifbar und daher so schwer meßbar und bewertbar ist.

Wenn Feuer das motivatorische und Wasser das emotionale Kapital eines Unternehmens bildhaft deutlich machen, liegt auf der Hand, welches ungreifbare, nicht festzumachende Element das intellektuelle Kapital symbolisiert und damit auch Hinweise für den Umgang mit ihm gibt: Die Luft, der Atem, der alles belebt und den alle miteinander teilen, ohne daß er durch Teilen weniger wird – das ist im Unternehmen das Wissen seiner Mitarbeiter. Wert schafft es freilich erst, wenn es im Zusammenwirken mit den anderen Elementen zum Können transformiert wird, um letztlich im Erfolg zu kristallisieren. Wissen zu managen, das intellektuelle Kapital zu nutzen und zu mehren, ist daher die Herausforderung für Führungskräfte von heute bis übermorgen.

Thomas A. Stewart hat als Journalist des „Fortune"-Magazins 1991 das Thema aufgegriffen und die daraus folgende Flut an Diskussion und Forschung, Büchern, Kongressen und Symposien losgetreten: *„Intellektuelles Kapital ist die Summe allen Wissens aller Mitarbeiter, die einem Unternehmen einen Wettbewerbsvorteil verschafft."*[24] (Freilich hat schon in den sechziger Jahren der nach Princeton emigrierte Österreicher Fritz Machlup die „Schaffung,

---

24 Thomas A. Stewart: „Der vierte Produktionsfaktor: Wachstum und Wettbewerbsvorteile durch Wissensmanagement", München 1998.

Verteilung und wirtschaftliche Bedeutung von Wissen" in ein achtbändiges Kompendium gegossen.)

Was verwertbares Wissen ist, bestimmt der Markt. Bewertet wird es daher vom Kunden. Die Wertschätzung der Produkte und Dienstleistungen mit dem in ihnen enthaltenen Wissen bestimmen den Wert des Unternehmens. Zum Maßstab wird dieser Wert dann auf dem Aktienmarkt und zeigt dort auf, welche Unternehmen ihr Wissen so managen, daß sie es besser als andere vermarkten. Denn „Wissenskapital bezeichnet die durch Management hervorgebrachten Fähigkeiten eines Unternehmens, die vorhandenen Ressourcen so einzusetzen, daß sie möglichst viel Mehrwert erzeugen."[25]

Der Börsenwert von „Microsoft" ist daher höher als jener der drei größten Autofabriken der USA zusammen. Doch auch wenn wir beim Vergleichen in derselben Branche bleiben, gibt's markante Unterschiede in der Bewertung von Unternehmen unabhängig von Umsatz oder Anlagevermögen: Bei einem Anlagevermögen von 17 Mrd. US-Dollar lag 1997 der Börsenwert von IBM bei 70 Mrd. US-Dollar im Vergleich zu Microsoft mit einem Anlagevermögen knapp unter einer einzigen (!) US-Dollarmilliarde mit einem Börsenwert von 86 Mrd. US-Dollar.

Was zählt und was daher zu gestalten ist, ist im „Age of Aquarius" das nicht Sichtbare, das nicht Greifbare zwischen der Materie, und das ist – neben Motivation und Emotion – vor allem das Wissen, das in den Menschen und in den von ihnen geschaffenen Produkten steckt. Auch diese werden ja immer materieloser: Um die Informationsmenge von 4 Gigabyte zu speichern, benötigte man vor einigen Jahren einen erschütterungsgesicherten, klimatisierten Raum, in dem in großen Kästen riesige Magnetbandspulen liefen. Heute stellen wir uns die Kilo-, Mega- und Gigabytes im Laptop auf schaukelnde Knie im Auto. In diesem Kästchen steckt das Wissen, das in den Jahren dazwischen nutzbar gemacht worden ist. Vergrößert wird der Wert Ihres

25 Ursula Schneider: „Wissensmanagement – Die Aktivierung des intellektuellen Kapitals", Frankfurt 1996.

Laptops noch durch alles, was Sie ihm an Informationen anvertraut haben und was er mit Ihrem Wissen über seine Anwendung der Software daraus macht.

Was wir nun als Wissensmanager nutzbar machen müssen, ist dieses intellektuelle Kapital, das man zur besseren Übersicht in drei Kategorien teilen kann:[26] Humankapital, Strukturkapital und Kundenkapital.

Humankapital: Wer weiß was?

„Wenn wir wüßten, was wir alles wissen, und uns noch dazu vorstellen könnten, was wir nicht wissen, und dann noch wüßten, wer das alles weiß!" seufzte der Wissensmanager und umschrieb damit die Aufgabe, Humankapital als das in den Menschen gespeicherte Wissen zu managen.

Diese Führungsaufgabe beginnt damit, daß festgestellt wird, welches Wissen im Unternehmen vorhanden ist. Relativ leicht ist das noch mit dem sogenannten *„tangible knowledge"*, dem greifbaren, handfesten Wissen (auch explizites Wissen genannt). Es wird in Verfahren und Rezepturen, Patenten, Lizenzen, Produktionsanweisungen und sonstigen Handbüchern festgehalten und damit auch teilbar, weil mitteilbar gemacht, und über den beruflichen Lebenslauf des einzelnen Mitarbeiters hinaus erhalten.

Schwieriger wird das schon mit dem *„tacit knowledge"*, dem impliziten, verborgenen Wissen. Es ist in den Köpfen der Mitarbeiter vorhanden, wird aber erst produktiv, wenn es zum Austausch und damit zur gegenseitigen Bereicherung und Entwicklung freigelegt wird. Eine Möglichkeit dafür sind übers interne Datennetzwerk zugängliche „Gelbe Seiten": Für diese beschreibt jeder Mitarbeiter seine Fähigkeiten und Fertigkeiten, seine absolvierten Ausbildungen und Projekte, an denen er mitgearbeitet hat. Weitere Dimensionen bekommt eine solche Intranet-Seite auch durch ganz persönliche Interessen und Hobbys des Mitarbeiters und auch Herausforderungen, die ihn besonders reizen

---

26 Thomas. A. Stewart a .a. O.

würden. Und „Grüne Seiten" (wenn Sie wollen, blaue oder lila Seiten) könnten auch das Humankapital externer Wissensträger allen gleich schnell zugänglich machen, wenn auf ihnen das Wissen von Kunden oder Universitäten oder von Beratern dokumentiert wird.

Ein solches Netzwerk zu spinnen, ist eine Führungsaufgabe, die Verständnis für das Luftelement braucht und beweist. Sie ist eng verbunden mit dem zweiten Bereich des Wissenskapitals:

Strukturkapital: Die Bahn, auf der der Hase läuft

Die Summe intelligenter Menschen macht noch lange kein intelligentes Unternehmen aus. An Universitäten verhindern bürokratische Strukturen, und in vielen Unternehmen hemmt das Festhalten an autoritären Strukturen, daß sich Wissen in Netzwerken verknüpft und vervielfacht. Es bleibt weitgehend isoliertes, in den Zellen kleinerer Teams kreativer Institute behaltenes Wissen, das einer Organisation in ihrer Gesamtheit nicht unbedingt hilfreich sein muß. (Um das zu beweisen, leistet sich mitunter das Schicksal gar noch die Ironie, Manager-Akademien oder Beratungsinstitute für Managementerfolg vor den Konkursrichter zu bringen.)

Ein Unternehmen dagegen, das sein Wissen in ein ausgeklügeltes System von Abläufen bringt, kommt mit durchschnittlich intelligenten Menschen aus, um weltweit erfolgreich zu sein – etwa durch die Beglückung der Menschheit mit Fast food oder Laufschuhen, mit Unterhaltungselektronik oder Erfrischungsgetränken: Noch nie hat z. B. ein Nike-Mitarbeiter einen einzigen Laufschuh produziert. Das Kapital dieses Unternehmens ist das Wissen vom Markt und die Struktur, durch dieses Wissen Produkte zu verkaufen, die man je nach Bedarf irgendwo herstellen läßt. Der Welterfolg von McDonald's liegt zum einen Teil in den einheitlichen, aber keineswegs geheimnisvollen Rezepturen der standardisierten Produkte, zum anderen aber vor allem in der klaren und weltweit eingehaltenen Struktur aller Arbeitsabläufe und Unternehmensprozesse.

Zu einer solchen Struktur gehören einerseits Dokumentations- und Informationssysteme, andrerseits aber auch die Unternehmens- und im besonderen die Führungskultur. Autorität und Macht, die bisher aus der Verfügungsgewalt über Produktionsmittel und -prozesse bezogen wurden, müssen durch die Koordination von Wissen ersetzt werden. Das geht nicht auf Anordnung.

Traditionelles hierarchisches Führungsverständnis und erfolgreiches Wissensmanagement schließen einander aus. Das Organisationsbild des erfolgreichen Wissensunternehmens ist nicht mehr die klassische Führungspyramide, sondern der Schwarm aus Fischen oder Vögeln im unsichtbaren Netzwerk des frei für alle zugänglichen Wissens. Über ein Netzwerk zu kommunizieren ist unvereinbar mit starrer Hierarchie.

Da kommen wir freilich mit einer guten alten Väterweisheit in Konflikt: *„Wissen ist Macht."* Stimmt schon, aber geteiltes Wissen ist größere gemeinsame Macht. Die andere alte Regel: *„Bildung heißt wissen, wo's steht"* hat eine neue Dimension bekommen. Daß unsere Informations- und Wissenskultur ein neues Verständnis von Macht und Verfügungsgewalt, von Eigentum und Teilen braucht, erleben wir im Internet, dem weltweit die Urheberrechts-Gesetze oder zumindest ihre anwendenden Behörden rat- und hilflos gegenüberstehen: Informationen aus Büchern und Archiven, aus Magazinen und Zeitungen, Arbeiten von Forschungsgruppen und aktuelle Software- oder Musikproduktionen sind frei zugänglich, können ausgedruckt oder auf CD gepreßt werden. Der Besitz von Informationen ist nicht mehr das Entscheidende – wichtig ist die Kombination des Wissens und sein Vermehren durch Teilen. Diese Funktion des Wissens-Koordinators ist auch die Aufgabe der Führungskraft als Wissensmanager. Ein solcher läßt sich nicht in Befehlsketten oder Regelwerke einspannen. Er entfaltet seine Kreativität am besten in Freiräumen.

Wie gewaltig die Hürde aus Gelerntem und Gewohntem sein kann, wenn Wissen aus persönlichem Besitz und Machtanspruch in ein System des Teilens mittels einer entwicklungsfähigen

Struktur zu bringen ist, erlebte ich im Entwicklungsprozeß eines Unternehmens, das ich dabei in seiner kritischen Phase beratend und moderierend zu begleiten hatte:

In einem hochspezialisierten technischen Produktionsbereich hatte dieses Unternehmen Wissen entwickelt und so erfolgreich angewendet und vermarktet, daß es zu einem bei Kunden und Mitbewerbern hochangesehenen Experten der Branche wurde. Die schnelle Expansion durch Akquisition von Betrieben im Ausland machten die Neuorganisation des Unternehmens in eine Holdingstruktur mit Tochtergesellschaften und Profit-Centers ratsam bis notwendig. In diesen dezentralen Einheiten sollte das in der Zentrale entwickelte Spezialwissen best- und schnellstmöglich genutzt werden können. Daher sollte der als versiertester technischer Experte bekannte Produktionsleiter des Stammhauses in der Holding als zentraler Technischer Direktor für die Präsenz, Verbreitung und weitere Pflege des technischen Wissens sorgen.

Das hieß nicht nur: Annehmen einer neuen Aufgabe als zentraler technischer Wissensmanager eines schnell gewachsenen Unternehmens. Das hieß auch: Abschiednehmen von der direkten Verfügungsgewalt über Maschinen, von der unmittelbaren Weisungsbefugnis über Menschen – und vom Alleinbesitzanspruch von wertvollem Wissen. Dieser Machtanspruch und das qualvolle Ringen des Loslassens hemmten über Monate die Entwicklung der neuen Organisation.

Unsere für die Industriegesellschaft geeignete Machtideologie des Besitzens wird einer neuen Ideologie des Teilens Platz machen müssen, damit wir die Chancen der Informations- und Wissensgesellschaft wahrnehmen und weiter entwickeln können. Dazu wird man in vielen Fällen auf den Generationswechsel bauen müssen – indem man ihn abwartet oder beschleunigt …

Ein angewandtes Verständnis des Mentor-Prinzips (siehe oben) kann Führungskräften helfen, die dafür geeigneten Strukturen aufzubauen. Es ist tatsächlich immer wieder frustrierend bis entmutigend, zu sehen, wie ältere Mitarbeiter, die wissen, wie der Hase im Betrieb und in der Branche läuft, einige Jahre innerer Emigration den Jahren der Pensionierung voranstellen, wenn sie sich nicht mehr gefragt und auch kaum noch gewünscht erleben. Und parallel dazu erfinden die Jungen, die Neuen das Rad von vorne.

Freilich tun sich die Altgedienten besonders schwer im Entlernen, freilich sind sie es immer wieder, die mit den Killerphrasen „So hat das noch nie funktioniert“ und „Glauben Sie mir, ich hab' da Erfahrung“ Innovationen blockieren. Professionell eingeführtes und strukturiertes Mentoring erhöht jedoch zumindest die Chance, die Generationenklüfte zwischen altem Wissen (in dem ja auch viel Bewährtes und nicht nur „zu Entlernendes“ steckt) und neuen Ideen zu überbrücken.

Das Kapitel Strukturkapital ist freilich noch reich an vielen Seiten über das wissensorientierte Management von Abläufen und Prozessen. Dazu empfehle ich aber, um hier der Gefahr des oberflächlichen Rundumschlags zu entgehen, die umfangreiche Literatur, die sich mit zunehmender Hingabe diesem Thema widmet. Sie ist in den Bibliographien der beiden hier zitierten Bücher ausführlich erwähnt und wächst derzeit beständig weiter.

Kundenkapital: Wissen mit dem Kunden teilen

Teilen ist auch für das Kundenkapital das Schlüsselwort zur Nutzung und Entwicklung. Die Wahrscheinlichkeit, mit der ein Kunde weiterhin Kunde bleibt, ist ein wesentliches, auch als „Goodwill“ bilanzierbares Kapital eines Unternehmens. Es setzt sich aus berechenbaren Vorteilen wie Preisen, Konditionen, Lieferbereitschaft zusammen sowie aus Vertrauen, Sympathie und dem Wissen voneinander. Müßig ist's, darüber zu streiten, was ein Unternehmen teurer zu stehen kommt: hohe Mitarbeiter- oder hohe Kunden-Fluktuation. Loyalität ist der Wert, der hier in beiden Fällen zu pflegen ist – und er ist der bei weitem am schlechtesten verwaltete Vermögenswert in vielen Unternehmen.

Der Automobilproduzent Ford will errechnet haben, daß jeder Prozentpunkt an erhöhter Kundenloyalität – also die Zunahme an markentreuen „Wiederholungstätern“ beim Autokauf – dem Unternehmen pro Jahr mindestens 100 Mio. US-Dollar an zusätzlichem Gewinn bringt. Kundenbindung ist somit das Marketinginstrument Nummer eins. Deshalb fischt man nach Kunden wohl am besten nicht in den trüben Gewässern der Vermutungen, sondern im klaren Wasser des Wissens über seine Ansprüche und Erwartungen, seine Strategien und Alternativen. Je mehr wir über den Kunden – natürlich auch über den potentiellen Neukunden – wissen, um so größer ist die Chance zur Bindung.

Wissen über den Kunden haben, heißt aber mehr als gelegentlich eine Marktstudie kaufen oder im Branchenmagazin nachblättern. Wissen über den Kunden entsteht aus dem direkten Kontakt mit ihm. Und den sollte man nicht nur dem Verkauf überlassen. Auch wenn sich die Verkäufer als die großen Helden fühlen, die mit ihren hereingebrachten Aufträgen alle ihre lieben Freunde (und nicht nur die) im Haus erhalten, ist die Verkaufsabteilung nicht das ganze Unternehmen. Aber das ganze Unternehmen sollte sich als *eine* Verkaufsabteilung fühlen.

Das heißt auch, daß mit den Kunden neue Vernetzungen der Kommunikation aufzubauen sind. Ihre Grundlage kann auch nicht mehr das ängstliche Hüten von Wissen sein, sondern muß das Teilen von Wissen werden, um es zum gemeinsamen Nutzen ständig zu erweitern. Das erfordert zunächst, den Blickwinkel auf sein Geschäft zu vergrößern.

Daß der Konsument nicht Produkte kauft, sondern die Befriedigung von Bedürfnissen – also nicht Shampoo, sondern glänzendes weiches Haar, Wohlbefinden und Attraktivität –, ist ja nun Grundstufe eins der Verkäufer-Vorschule und führt vom Produkt- zum Marketing-Denken.

Wie sieht das aber nun beim Business-to-Business-Verkauf aus, bei der Lieferung an Weiterverarbeiter oder auch Weiterverkäufer? Deren Bedürfnis ist es wohl zweifellos, geschäftlich erfolgreich zu sein. Somit ist es das Geschäft des Lieferanten, „mit allen Mitteln und Möglichkeiten dafür zu sorgen, daß unsere Kunden selbst bessere Geschäfte machen“[27]. Dann bin ich sein Partner.

Dazu muß ich auch über sein Geschäft möglichst viel wissen.

---

27 Edgar K. Geffroy: „Abschied vom Verkaufen“, Frankfurt 1997.

Und wenn er mich als seinen Partner akzeptiert, muß auch er über mich genug wissen, damit wir gemeinsam erkennen, wie wir einander am besten nützen. Kundenspezifisches Wissen in der Einbahnstraße wird schnell vom Mitbewerber überholt und muß sich neue Bahnen suchen. Wissen in Netzwerken entwickelt sich, wenn wir die Sichtweise ändern. (Übrigens: Da es für den Begriff Sichtweise oder Muster das schöne griechische Wort *paradeigma* gibt, sagen Bildungsbeflissene dazu Paradigmenwechsel.)

Das Bild, das dieses Umdenken deutlich macht, ist der bei „3M" eingeführte Wechsel der Sichtweise von der „Fliege" zum Diamanten *(Abbildung 13):*

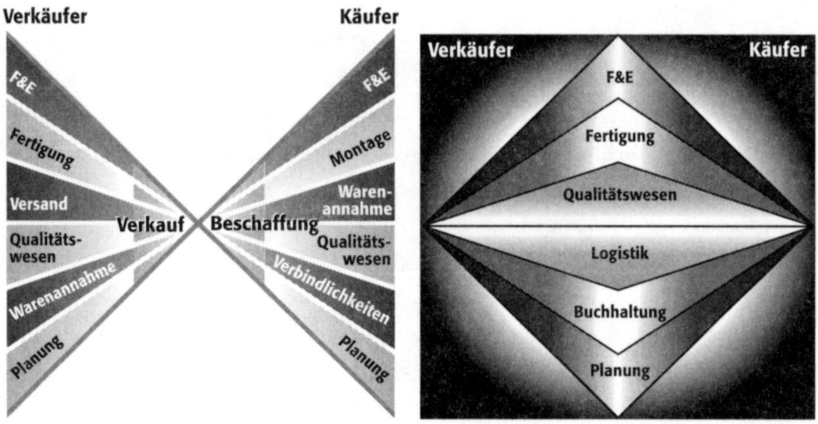

Abbildung 13: Vom Engpaß zum Netzwerk – von der „Fliege" zum „Diamanten"

Die traditionellen Grenzen zwischen Verkauf (beim Lieferanten) und Einkauf (beim Kunden) beginnen sich ohnehin schon in mehreren Branchen aufzulösen: Der Verkäufer ist nicht mehr der, der beim Kunden den Auftrag abholt. In langfristigen Partnerschaften ist er online mit dem Lager oder der Beschaffungsstelle des Kunden verbunden und sorgt für die Lieferung nach vereinbartem Lager-Level oder Produktionsstatus. Doch noch ist er im Paradigma „Fliege" die einzige Kontakt- und damit auch Engpaß-Stelle in der Beziehung.

In der Diamant-Struktur haben mehrere Bereiche direkten Kontakt, sind Forschung und Entwicklung, Fertigung, Qualitätswesen, Logistik, Buchhaltung, Planung, vielleicht auch Werbung und Öffentlichkeitsarbeit miteinander im Erfahrungs- und Wissensaustausch, vernetzt kommunizierend in gemeinsamen Entwicklungsprojekten. Sicher wird es an kritischen „Intim"-Zonen Firewalls im Informationssystem geben – doch dieses neue Bild ist überlegenswert. Denn es schafft Wissensvermehrung durch Wissensteilung.

Erster Anstoß für solche Kooperationen können Workshops sein, in denen Lieferant und Kunde gemeinsam ihre Zukunft gestalten – auch in beliebiger Verlängerung der Kette zum Lieferanten des Lieferanten und zum Kunden des Kunden. (z. B. Zellstoffproduzent – Papierhersteller – Verpackungsentwickler – Konsumgüterproduzent – Handel)

Nicht Materialflüsse, sondern solche Informationsflüsse und Netzwerke zu steuern – das ist die Führungsaufgabe, welche die Luft-Qualitäten des Managements verlangt: Flexibilität und Wendigkeit, Visionskraft und Phantasie sowie die Bereitschaft, die bisherige Form der Zusammenarbeit nur als eine Möglichkeit zu sehen und viele andere, noch unbekannte Formen der Kooperation auch für möglich zu halten.

Die kreative Kraft der Unzufriedenheit

Luft-Qualität zu leben, heißt auch, sich mit der gefundenen Lösung nie zufrieden zu geben. Daher ist in diesem Element die Kraft der Innovation enthalten. Diese kreative Unzufriedenheit ist der Motor, der vor der Selbstzufriedenheit bewahrt. Ich genieße es, bei diesem Thema in Seminaren die gelangweilten Gesichter mit dem uralten Kreativitäts-Kalauer der neun Punkte zu provozieren. Sie kennen ihn sicher auch:

Verbinden Sie mit vier geraden Strichen alle neun Punkte, oh-

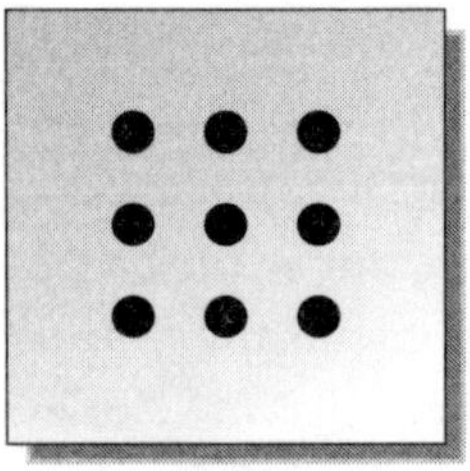

Abbildung 14

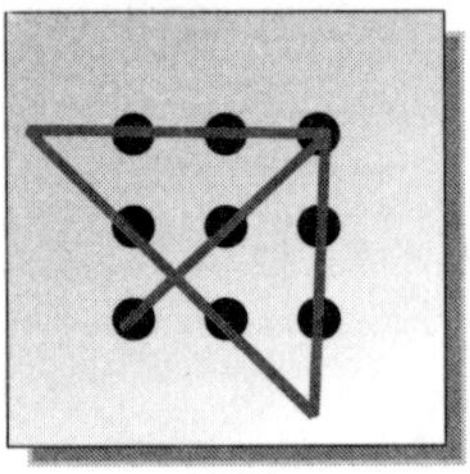

Abbildung 15

ne den Stift einmal abzusetzen! Sollten Sie tatsächlich noch nirgends über diese Aufgabe gestolpert sein, dann nehmen Sie sich fünf Minuten Zeit, doch selber auf die Lösung zu kommen und lesen Sie einstweilen noch nicht weiter.

Eh klar, wie das geht: Man muß sich von der einengenden Denkvoraussetzung befreien, daß diese Punkte ein Quadrat bilden, über das man nicht hinausdenken bzw. -zeichnen darf. Dabei gibt es auch hier schon mindestens zwölf Lösungsvarianten, je nachdem, mit welchem Eckpunkt man beginnt oder endet und in welcher Reihenfolge man die Punkte ansteuert. Also keine Spur von nur *einer* richtigen Lösung!

Und alle, die sich jetzt zufrieden zurücklehnen, weil sie ja schon wissen, wie's geht, lösen jetzt das Problem mit nur *drei* geraden Linien. Bevor Sie schauen, geben Sie sich ein paar Minuten Zeit zum Ausprobieren!

Dazu muß man sich von einer weiteren Denkschiene befreien: Die Linien müßten durch die Mitte der Punkte verlaufen. Wenn sie einige der Punkte nur gerade eben noch streifen, kommt man zu einer Lösung mit nur drei geraden Linien. (Über ihre Länge gab's ja auch keine Einschränkungen.)

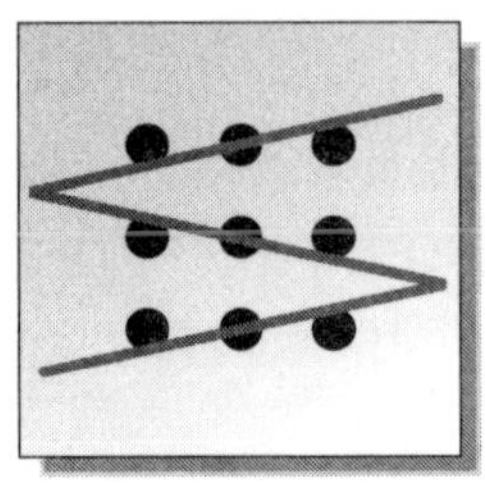

Abbildung 16

Da wir aber gerade vom Prozeß der kreativen Unzufriedenheit gesprochen haben, gleich die nächste Herausforderung: Lösen Sie das Problem mit nur *einem* geraden Strich! Halt – nicht gleich schauen! Geben Sie sich fünf Minuten, um zumindest *eine* Lösung zu finden. Es gibt nämlich deren mehrere.

Variante 1 der Ein-Strich-Lösung: Dazu muß nur der Pinsel dick genug sein. Aber auch dafür gab es keine Einschränkung in der Aufgabenstellung.

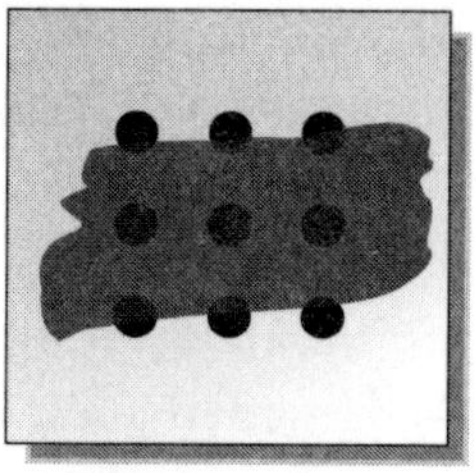

Abbildung 17

Variante 2: Es hat auch niemand gesagt, das Papier müsse flach bleiben. Wenn man es leicht schräg zu einem Zylinder zusammenklebt, lassen sich alle neun Punkte mit einer absolut geraden Linie auf einer gekrümmten Fläche verbinden.

Abbildung 18

Variante 3: Es wurde auch nicht verboten, das Papier zu falten. Wenn man so die Punkte ganz eng zusammenknickt, kommt man auch zu einer Lösung mit nur einer Linie.

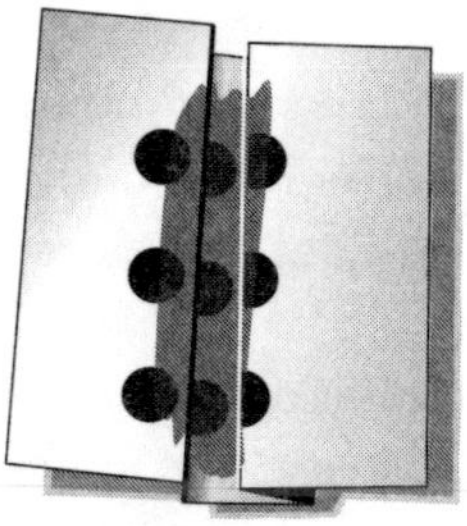

Abbildung 19

Variante 4: Eine weitere Lösung mit nur einer Linie wird wohl wegen ihrer Unwirtschaftlichkeit theoretisch bleiben. Wenn schon nicht sinnvollerweise praktizierbar, so ist sie doch denkbar: Es sagte niemand, daß die Linien nicht über den Blattrand hinausgehen dürfen. Wenn das Blatt ganz leicht schräg auf dem Erdball liegt, löst eine gerade Linie, die zweimal um den Erdball geht, das Problem.

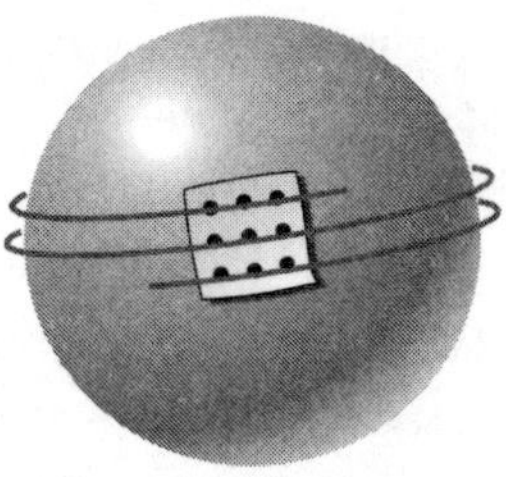

Abbildung 20

Führungsqualität, die das Luftelement integriert hat, gibt sich nicht mit einer einmal gefundenen Lösung zufrieden. Sie sucht nach immer neuen. Wo würden wir stehen, wenn wir uns mit der Erfindung des Rades zufrieden gegeben hätten? War's nicht ein mindestens so großer Geniestreich, das zweite Rad und die Achse oder auch die zwei anderen zu erfinden? Der mit dem fünften Rad hat's möglicherweise übertrieben – obgleich auch ein Reserverad nicht schlecht ist, wenn man mit einer Lösung bereits gut fährt.

Wissensmanagement macht frei

Für den „luftgepolsterten", weil im Umgang mit Wissen vertrauten, Manager ist Innovation kein Projekt, sondern Alltagsprozeß, ist Change-Management als Gestaltung von beständigem Wechsel keine Bedrohung, sondern Lebensgrundsatz, auch für die persönliche Karriere:

Als ich Helmut kennenlernte, leitete er das Expertenteam der Software-Consultants in einem der großen Unternehmen der Computerindustrie. Seine Leute waren die Spezialisten, die für haarige Netzwerkprobleme auch aus anderen Ländern – seine Firma war weltweit tätig – angefordert wurden. Sein Team war ein paradiesvogelbunter Fächer aus Studienabbrechern und promovierten Mathematikern und Informatikern, Verkäufern (Kopierer wie Kosmetik) und aus dem Schulbetrieb ausgestiegenen Lehrern (Geographie und Turnen ebenso wie Chemie und Physik).

Als wir an der Entwicklung des Teams arbeiteten, wollte ich von ihm wissen, was er denn von seinen Mitspielern erwarte. Drum fragte ich ihn, was denn für ihn wichtig sei, wenn er aus einer Reihe von Bewerbern künftige neue Teammitglieder auswählt.

„Also weißt du, eigentlich trau' ich mich's nicht zu sagen, aber es ist nun so:" meinte er, „Wenn einer, der in mein Team will, in die Berge geht, hat er schon einen großen Pluspunkt bei mir. Denn dort kriegt

man irgendwie einen anderen Weitblick. Ich weiß, da bin ich subjektiv bis ungerecht, weil's mich selber immer in die Berg' zieht. Aber wenn er segelt oder fliegt oder in einem Fußballteam oder ein Instrument spielt, dann hat er den gleichen Gutpunkt. Und wenn er sich beim Roten Kreuz, bei Greenpeace oder sonstwo engagiert, hat er noch einen größeren. Denn da seh' ich, daß er sich für etwas einsetzt, nicht weil's Geld bringt. Wenn er nicht immer das gleiche studiert hat, spür' ich, daß er kritisch, unzufrieden oder zumindest flexibel ist. Das alles brauchen wir in unserem Team – das andere kriegt er hier. Ein Grundverständnis oder vor allem -interesse für EDV soll er schon mitbringen – aber das Detailwissen haben wir ja im Team verankert. Das teilen wir sehr schnell auch mit einem Neuen, das hat er dann bald drauf."

Sie waren ein lebendiges Team – sicher nicht konfliktfrei, aber erfolgreich. Helmut führte es zweieinhalb Jahre lang. Dann gab er ein großes Abschiedsfest und kam nach einem knappen Jahr wieder. Inzwischen hatte er ein paar Gipfel der Anden bestiegen und mit dem Rad Patagonien durchquert. Sein Job war freilich besetzt, doch es fand sich rasch ein anderer. Jetzt koordiniert er die Ausbildung der Manager in den Ostmärkten. Er hatte ja gezeigt, wie man kreative Leute anzieht und Wissen verteilt. Das wird dort dringend benötigt.

Der Wissensmanager braucht sich um seinen Job nicht zu sorgen. Den lebenslang gesicherten gibt's sowieso nicht mehr. Er hat die Freiheit der Möwe gefunden, die schon ihren Schwarm findet. Er erhebt aber keinen Anspruch auf Versorgung, sondern versteht sich als eigenverantwortlicher Anbieter von Wissen, das er auszutauschen und zu teilen bereit ist.

Vielleicht sollten wir die alte Weisheit ändern in eine neue: Nicht Wissen ist Macht, sondern: Wissen-Teilen ist Macht – und zwar eine Macht, die frei macht, wenn man den Preis der Freiheit zu zahlen bereit ist: Selbstverantwortung statt Suche nach der Absicherung, in der andere dafür zuständig sein sollen, daß es einem gut geht.

In dieser Luft des freien Zusammenspiels können Visionen entwickelt werden und kann Kreativität gedeihen, kann der Blick sich weiten, sind Manager eben nicht mehr „mittendrin und voll daneben", wie Betty Zucker[28] es so treffend beschreibt: *„Sie fahren geradeaus im Tunnel, sehen nicht rechts und links. Es ist der Streßtunnel, der Ehrgeiz- und Karrieretunnel, der Kostentunnel, der Konkurrenztunnel ..."*

Klar, daß einem auf der Jagd durch so viele Tunnels die Luft wegbleibt.

Humankapital durchlüften

Das beste Mittel, sich in dieser Jagd wieder Luft zu verschaffen, ist das Sabbatical, der abgesprochene zeitweise Ausstieg zum Auftanken – also der auf Monate oder auch ein Jahr ausgedehnte jüdische Ruhetag Sabbat, den mein vorhin beschriebener Freund Helmut sich alle paar Jahre verordnet und gönnt. Dabei geht's weniger – oder zumindest nicht nur – um den Erholungseffekt oder darum, die Familie wieder kennenzulernen. Es geht dabei auch um das Aufrüsten mit neuen Ideen durch neue Eindrücke und den Blick über den Zaun der mit Einkommensbeschaffung blockierten Betriebsamkeit. Dieser Blick kann mitunter nur sehr am Rande mit der beruflichen Aufgabe zu tun haben. Viele Dinge sieht man klarer, je größer der Abstand zu ihnen wird. Das kann das eigene Lebens- und Karrierekonzept ebenso verändern wie ganz konkrete Abläufe und Routinen im Arbeitsbereich.

Anstatt der Pflege des Shareholder-Value dient die Auftank-Pause des Sabbaticals der Steigerung des *Jobholder-Value*, dem Auffrischen und Aufrüsten der Arbeitskraft. Darin liegt wohl auch der Grund, warum es so zögernd beansprucht und so wenig gefördert wird.

Die Ängste gibt's auf beiden Seiten: Beim Mitarbeiter, ganz egal in welcher hierarchischen Stufe, wenn er die Garantie sucht, bei seiner Rückkehr wieder einen bezüglich Hierarchie-Level und

20

28 Betty Zucker: „Mittendrin und voll daneben – Manager in turbulenten Zeiten", Zürich 1997.

Bezahlung mindestens so wertvollen Job, am besten halt wieder denselben, zu bekommen. Und beim Unternehmen, weil es ja in den Abspeckprozessen des Reengineering und Cost-Cutting seinen Personalstand aufs absolut arbeitsfähige Minimum reduziert hat. Daher kann es keinen wertvollen Mitarbeiter auf ein paar Monate entbehren. Er muß durch einen mindestens so guten ersetzt werden, und den wird man dann auch nicht wieder los, wenn der andere frisch aufpoliert und tatendurstig zurückkommt. Dann bleiben wir also lieber routiniert und ausgebrannt, verwirren die Umgebung nicht mit neuen Ideen, schon gar nicht mit der vom Sabbatical.

Wo das Problem liegt, zeigt sich freilich daran, daß es bei Non-Profit-Unternehmen keines ist. Die fernen Kartengrüße der Sabbatical-Nutzer haben bisher in neun von zehn Fällen Universitäts-Angehörige zum Absender. Von den Angehörigen wirtschaftlicher Unternehmen verlangt diese Einrichtung zumeist größere Selbstbeteiligung und Risikobereitschaft. Denn formelle Sabbatical-Programme haben kaum mehr als zehn Prozent der großen internationalen Unternehmen. Die Spannweite reicht von:

- einigen voll bezahlten Wochen jedes siebente Jahr,
- zur reduzierten Bezahlung, so daß noch Kranken-, Unfall- und Pensionsversicherung aufrecht bleiben,
- bis zur unbezahlten Karenz mit Arbeitsplatz- aber nicht Job-Level-Garantie.

Der kurzfristige Erfolgsdruck mit allen Sparprogrammen hat die Bereitschaft gerade der shareholder-getriebenen Unternehmen in den letzten Jahren nicht größer gemacht.

Der Lösungs- und Orientierungsansatz könnte wieder beim neuen Verständnis vom Teilen liegen. Wenn der Nutzen für das Unternehmen und für den Mitarbeiter ein gemeinsamer ist, darf auch die Teilung von Risiko und Einsatz verlangt werden. Fairneß sehe ich in einer Lösung, in der jeweils im Einzelfall:

- vom Mitarbeiter, der ein Sabbatical anstrebt, die Absichten dargestellt werden, wie und womit er diese Zeit verbringen will,

- der Nutzen für das Unternehmen daraus ersichtlich wird und
- die Organisation seiner bisherigen Arbeit (Verteilung, Einschulung, Stellvertretung, Neubesetzung) geregelt oder vorgeschlagen wird.

Von den im letzten Punkt erarbeiteten Möglichkeiten sollte es auch abhängen, wie die Beschäftigungsgarantie für nachher aussehen kann: derselbe Job, eine Arbeit auf vergleichbarem Organisationsniveau oder eine völlig offene Beschäftigungsgarantie. Die Dimension dieses Versprechens sowie für die Sabbatical-Zeit ein Basisgehalt, das Ansprüche von Kranken- und Pensionsversicherung aufrecht erhält, sollten der Einsatz des Unternehmens sein.

Die juridischen Fesseln des Arbeitsrechts zu lockern, sollte Herausforderung für die Kreativität der Personalisten und für die Einsicht der institutionalisierten Privilegienhüter (sprich: Gewerkschafter) sein. Dort wäre mehr Luftigkeit im Denken ohnehin dringend vonnöten, damit für den Weg von der Industrie- zur Wissensgesellschaft weniger Bleigewichte die ohnehin schon den Erfordernissen nachhinkenden Schritte hemmen.

ERDE

Struktur – Organisation – Kontinuität

Siehe, es ging ein Säemann aus zu säen.
Und es begab sich, indem er säete, fiel etliches an den Weg.
Da kamen die Vögel unter dem Himmel und fraßen's auf.
Etliches fiel in das Steinige...
Da nun die Sonne aufging, verwelkte es,
und dieweil es nicht Wurzel hatte, verdorrte es.
Und etliches fiel unter die Dornen;
und die Dornen wuchsen empor
und erstickten's, und es brachte keine Frucht.
Und etliches fiel auf ein gut Land und brachte Frucht,
die da zunahm und wuchs;
Und etliches trug dreißigfältig
und etliches sechzigfältig und etliches hundertfältig...

Markus 4, 3-9

Das Element Erde

bildhafter Eindruck	abstrakte Qualität	abgeleitete Verhaltens-Entsprechung
liegt unbewegt	Schwere	Ruhe, Trägheit, Starre, Prinzipientreue, Unbeweglichkeit
hat feste Form	Struktur	Organisator, Präzision, Klarheit, Sicherheit, Realismus, Materialismus, Härte
grenzt sich ab	Isolation	Distanzierung, Normierung, Sachlichkeit, Unpersönlichkeit
ist dauerhaft	Kontinuität	Beständigkeit, Verläßlichkeit, traditionell, konventionell, Geduld, Dogmatik

Über das Element Luft zu schreiben, war schwierig, weil es darum ging, das Flüchtige, das Materielose in Worten greifbar zu machen. So müßte es nun ein Leichtes sein, sich in bildhafter Beschreibung dem Element Erde zuzuwenden – symbolisiert es doch Handfestes, Konkretes. Die Schwierigkeit liegt hier woanders: Die Qualitäten, die durch das Element Erde symbolisiert werden, liegen heute auf den ersten Blick so gar nicht im Trend der Managementlehren. Geht's bei der Erde doch um Beständigkeit, Sicherheit, Verläßlichkeit, Ordnung, Form, Struktur, ... Was lehrt uns also dieses Element in einer Zeit, in der sich globalisierend, liberalisierend, deregulierend, flexibilisierend Grenzen auflösen, Unsicherheit und Wandel das einzig Sichere sind?

Beginnen wir wieder mit einem Blick auf die Eigenschaften, die wir mit unseren Sinnen erleben, wenn wir die Erscheinungsformen dieses Elements beschauen oder im wörtlichen Sinn begreifen:

Von allen Elementen zeigt Erde am deutlichsten konkrete Form. Sie bildet als Gestein klare Konturen, auch als Sand oder weiche Erde erscheint sie in Formen, für deren Veränderung wir Kraft aufwenden müssen.

❍ So symbolisiert Erde die Führungsqualitäten der *Strukturgebung* und *Gestaltung.* Mit ihnen hat das Management dem Unternehmen die organisatorische Form zu geben, welche die Entwicklung und bestmögliche Wirkung aller Elemente ermöglicht.

Erde ist das dauerhafteste, das beständigste der vier Elemente. Der Stein liegt auch nach Jahrhunderten noch auf demselben Platz, wenn nicht eine Energie von außen seine Position verändert.

❍ *Ausdauer* und *Beharrlichkeit,* unser *Verhältnis zur Zeit* und unser Umgang mit ihr ist somit eine weitere der Führungslektionen, welche dieses Element vermitteln kann. Wohl eine recht wichtige Lektion in einer Gesellschaft, für die das Fragewort nach der Zeit kaum noch heißt „wann?" sondern „wie schnell?"

Erde an sich – ohne eines der anderen Elemente – ist kalt, trocken, fest.

❍ Wenn wir diese Attribute für menschliche Verhaltensweisen anwenden, erinnern sie uns an *Sachlichkeit* ohne emotionale Wärme, an distanzierende Abweisung und *Widerstand.*

Kommen die anderen Elemente dazu – die auflockernde Luft, das befeuchtende Wasser, das wärmende Feuer der Sonne – dann ist Erde der Boden, der Nahrung gibt und Menschen, Tieren, Pflanzen Leben ermöglicht.

❍ Somit ist von diesem Element zu lernen, wie wir für und in Unternehmen Strukturen schaffen, die dauerhaftes, *nachhaltiges Wirtschaften* und Zusammenleben möglich machen und fördern. Dazu müssen sie so klar und konkret sein, daß sie *Sicherheit, Halt und Orientierung* geben, und dennoch so offen, daß sie ihr soziales und ökologisches Umfeld mit einbeziehen und die Qualitäten aller Elemente – wie Emotionalität (Wasser), Spontanität (Feuer), Flexibilität (Luft) – zur Geltung kommen lassen.

Wir sehen hier schon, daß bei diesem Element viel stärker als bei den bisher besprochenen das Zusammenspiel mit den anderen von Bedeutung ist. Numerologen und Kabbalisten erklären das auch mit der Zahlensymbolik: Wenn die Einheit (1) in die Welt tritt, entsteht die Polarität (2). Ihre Symbole sind die reinen, die ursprünglichen Elemente Feuer und Wasser. Das Zusammenspiel dieser beiden, ihre Kommunikation (3), wird bildhaft im Element Luft – erlebbar im gasförmigen Aggregatzustand, etwa im Dampf, der sich aus dem Zusammenwirken dieser beiden bildet. Die Strukturierung, etwa als Kristallisation zur Materie (4) ist einerseits als Ergebnis der vierte Schritt dieses Prozesses, andrerseits auch bereits der Beginn, der Urgrund, aus dem auf der nächsten Ebene Neues entsteht.

Das mag nun für jemanden, der sich mit Mystik und auch Mythos der Zahlen noch nie beschäftigt hat, so wirken wie auf den mittels Studium von *„Philosophie, Juristerei und Medizin und leider auch Theologie"* höchst gebildeten Doktor Faust das Hexen-

Einmaleins, für das er zunächst nur, zu Mephisto gewendet, den Kommentar übrig hat: *„Mich dünkt, die Alte spricht im Fieber."*

Wer in dem Reim der Hexe in der Faust-Tragödie erstem Teil (*„Du mußt verstehn! Aus Eins mach Zehn ..."*) nur eine sinnlose Wortspielerei Goethes sieht, unterschätzt den Geheimrat. Es würde aber zu weit führen, hier tiefer in die Zahlenmystik einzusteigen. Da müßten wir bei Begriffen wie Schöpfung und Sündenfall beginnen und den Pythagoras nicht als Quälgeist von Gymnasiasten, sondern als in Ägypten eingeweihten überragenden Weisen der Antike kennenlernen. Wer – und sei's nur zur Neubelebung seiner rechten Gehirnhälfte – in diese Thematik hineinschnuppern möchte, dem sei das diesbezügliche Kapitel in Thorwald Dethlefsens Einstiegsdroge für ganzheitliches Denken[29] empfohlen.

Wir werden uns im Verlauf dieses Abschnitts noch im Zusammenhang mit der Zeit damit beschäftigen, daß wir immer nur in Quantitäten denken, weil wir den Kontakt zur Qualität der Zeit verloren haben. So geht's dem halbhirnigen Intellektuellen auch mit den Zahlen. Wir verstehen sie nur als Bezeichnungen von Mengen. Doch auch in Zahlen stecken Aussagen über qualitative Inhalte, wenn man sie – wie eben auch die Elemente – als bildhafte Symbole zu lesen und zu verstehen beginnt.

Wenn nun dieses vierte Element der Schritt der Strukturierung zur Materie ist, sollte es uns im elementaren Verständnisgebäude ganzheitlichen Führens zur Frage führen, welche Struktur und welche Organisationsform die jeweils geeignete ist, damit sich das Feuer der Begeisterung und Tatkraft in den Beziehungsströmungen miteinander arbeitender Menschen so luftig frei bewegen und entfalten kann, daß daraus ein nachhaltig sinnvolles Ergebnis entsteht.

Zunächst aber noch ein Blick auf die Verhaltensmuster, wenn sie von der Qualität des Elements Erde geprägt sind.

29 Thorwald Dethlefsen: „Schicksal als Chance", München 1980.

Die Trilogie der Erde

1. Die *Wahrnehmung* konzentriert sich auf die meßbaren, zählbaren Daten und Fakten. Von Bewegung ist sie eher irritiert und sieht daher in Abläufen nicht das Neue, sondern daß das Alte, das Vertraute nicht mehr da ist. Sie sucht Zusammenhänge und Gesetze, um sie in Tabellen und Formeln zu fassen. Dabei verliert sich diese Art der Wahrnehmung sehr leicht in Details und sieht vor lauter einzelnen Bäumen den Wald nicht.
2. Daran schließt passend das erdhafte Muster der *Verarbeitung:* analysieren, strukturieren, planen, organisieren. Die ganze Stärke der linken Gehirnhälfte findet hier ihre Anwendung in logischen Schlüssen, die kausale Zusammenhänge erkennen – oder auch konstruieren –, aber am Überblick oder Hintergrund wenig interessiert sind. Zweckmäßig? Nützlich? Brauchbar? Das sind die Auswahl- und Bearbeitungskriterien in diesem Prozessor.
3. Über das erdhafte Muster des *Handelns* gibt kaum einer treffender Auskunft als Michael Ende in der Figur des Straßenkehrers Beppo, der seiner kleinen Freundin „Momo" die Weisheit streßfreier Effizienz preisgibt, als er ihr die tiefen Geheimnisse seiner Profession eröffnet:[30]

Wenn er so die Straßen kehrte, tat er es langsam, aber stetig: Bei jedem Schritt einen Atemzug und bei jedem Atemzug einen Besenstrich. Schritt – Atemzug – Besenstrich. Schritt – Atemzug – Besenstrich. Dazwischen blieb er manchmal ein Weilchen stehen und blickte nachdenklich vor sich hin. Und dann ging es wieder weiter: Schritt – Atemzug – Besenstrich ...

Während er sich so dahinbewegte, vor sich die schmutzige Straße und hinter sich die saubere, kamen ihm oft große Gedanken. Gedanken ohne Worte, Gedanken, die sich so schwer mitteilen ließen wie ein bestimmter Duft, an den man sich nur gerade eben noch erinnert, oder wie eine Farbe, von der man geträumt hat. Nach der Arbeit, wenn er

30 Michael Ende: „Momo", Stuttgart 1973.

bei Momo saß, erklärte er ihr seine großen Gedanken. Und da sie auf ihre besondere Art zuhörte, löste sich seine Zunge, und er fand die richtigen Worte.

„Siehst du, Momo", sagte er dann zum Beispiel, „es ist so: Manchmal hat man eine sehr lange Straße vor sich. Man denkt, die ist so schrecklich lang; das kann man niemals schaffen, denkt man."

Er blickte eine Weile schweigend vor sich hin, dann fuhr er fort: „Und man fängt an, sich zu eilen. Und man eilt sich immer mehr. Jedesmal, wenn man aufblickt, sieht man, daß es gar nicht weniger wird, was noch vor einem liegt. Und man strengt sich noch mehr an, man kriegt es mit der Angst, und zum Schluß ist man ganz außer Puste und kann nicht mehr. Und die Straße liegt immer noch vor einem. So darf man es nicht machen."

Er dachte einige Zeit nach. Dann sprach er weiter: „Man darf nie an die ganze Straße auf einmal denken, verstehst du? Man muß nur an den nächsten Schritt denken, an den nächsten Atemzug, an den nächsten Besenstrich. Und immer wieder nur an den nächsten."

Wieder hielt er inne und überlegte, ehe er hinzufügte: „Dann macht es Freude; das ist wichtig, dann macht man seine Sache gut. Und so soll es sein."

Und abermals nach einer langen Pause fuhr er fort: „Auf einmal merkt man, daß man Schritt für Schritt die ganze Straße gemacht hat. Man hat gar nicht gemerkt wie, und man ist nicht außer Puste. Er nickte vor sich hin und sagte abschließend: „Das ist wichtig."

Daß weniger stoische Gemüter, die etwa den Elementen Feuer oder Luft näher verwandt sind, mit diesem Handlungsmuster phlegmatischer Ruhe und Gelassenheit ihr Problem haben, versteht sich ebenso wie die Vermutung, daß es der Handlungsweise nach Art der Wasserenergie bedeutend näher liegt.

Von der Maschine Unternehmen …

Die zu Beginn dieses Abschnitts zitierten Sätze des Evangelisten Markus machen deutlich, wie unterschiedlich die Wirkung derselben Saat ist, je nachdem auf welche Erde sie fällt. Wenn wir nun die Erde als das Symbol für die Struktur eines Unternehmens sehen, kann uns dieses Symbol deutlich machen, woran es – zumindest auch – liegt, wenn Motivation (Feuer), Zusammenarbeit (Wasser) und Wissen (Luft) dreißig-, sechzig- und hundertfach Frucht bringen oder eben auch nicht bringen: An Routinen und Gewohnheiten, welche diese Erde austrocknen, an Machtverhältnissen, die wie Steine im Weg liegen, an bürokratischen Regulativen, die sie wie Dornen überwuchern.

Dabei sind weder Routinen noch Macht noch Regulative an sich zu verachten. Es ist nur die Frage, in welchem Umfeld und zu welcher Zeit sie entstanden sind. Welche Funktion hatten sie damals in welcher Kultur zu erfüllen? Was unterstützen oder behindern sie dagegen im aktuellen zeitlichen, sozialen, kulturellen Denk-, Lebens- und Wirtschaftsgebäude?

Die Entwicklung unserer Unternehmensorganisationen hinkt Jahrzehnte und in vielen Fällen auch Jahrhunderte hinter der technologischen Entwicklung nach. Nicht in der Theorie – da wurde emsig und kreativ gedacht und geschrieben. Doch in keinem anderen Bereich der Wirtschaft sind die Macher und Umsetzer so viele Jahre und so viele Tausende Seiten Fachliteratur hinter den Denkern und Schreibern im Verzug. Könnte es daran liegen, daß sich die akademischen Experten – und mindestens sosehr die pseudoakademischen Berater-Gurus – in ihrem aus Ökonomie, Soziologie und Psychologie hochpotenzierten und verschüttelten Fachjargon so abgehoben, umständlich und imponierbedürftig ausdrücken, daß die Umsetzung dieser Schlauheiten durch ein Managementteam ohne alltäglichen Umgang mit Dissertations- und Habilitationsschrifttum ganz einfach nicht möglich ist?

Da werden Nebelschwaden von systemischen und soziodynamischen, kinetischen und kybernetischen, fraktalen und chaotischen, autopoietischen und perturbativen, synreferentiellen und komplexitätsoptimierten Hierarchien und Holarchien, Heterarchien und Adhocratien aufgezogen. Da diese nicht zu greifen sind, außer in Form dicker Bücher, die manche kaufen und keiner liest, hält man sich an der guten alten Kanzleiordnung aus 1776 fest. Nach ihr richteten Friedrich der Große sein Preußenheer und Adam Smith die Unternehmen aus, Frederick Taylor technisierte sie und Henry Ford perfektionierte sie – und Pete Seeger besang sie: *„They all live in little boxes, little boxes all the same …"*

Diese kleinen Kästchen, in denen jedes von einem anderen an einem dünnen Faden des Organigramms abhängt, bestimmen nach wie vor in mindestens drei Viertel aller Unternehmen – Mittelstands-Familienbetrieb genauso wie globaler Konzern – unser Bild von Unternehmensorganisation. Das Bild hat Tradition. Schon Horaz fand dafür die treffenden Worte: *„Wie Hampelmänner zappeln wir an fremden Drähten." (siehe Abbildung 21)*

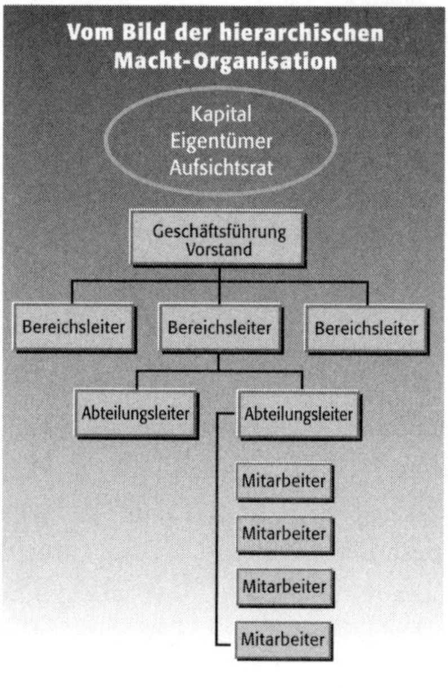

Abbildung 21: „Wie Hampelmänner zappeln wir …"

Der wesentliche Reiz, der dieses Bild so unausrottbar macht, ist offenkundig: Da sieht man genau, wer von wem abhängt und wer daher über wen Macht hat. Da sind auch die Dienstwege markiert – und wo keine Verbindungs- (= Macht- und Abhängigkeits-Linie) läuft, ist auch Kontakt und Kommunikation Beliebigkeits-, aber nicht Verantwortungs-Programm. Und vor allem sieht man da genau, wer oben und wer unten ist. Sogar Betriebsräte und Gewerkschafter werden gelegentlich bei dem Satz ertappt: *„Das muß bis zum letzten Mitarbeiter hinunter durchgezogen werden."* In diesem Wortbild steckt ein Weltbild.

Das Bild paßte bestens ins mechanistische Denken, für das es ja auch die treffende Metapher ist: Wenn die, die „an den Schalthebeln der Macht" sitzen, oben „die Fäden ziehen", dann bewegt sich unten etwas. Ziehen sie nicht, bewegt sich auch nichts. Es stimmt für die Welt von Anordnung, Durchführung und Kontrolle – und Frederick Taylor, Pionier des wissenschaftlichen Managements, widmete ja als gelernter Ingenieur sein Lebenswerk dem Bemühen, daß Arbeiter so berechenbar, zuverlässig und effizient funktionieren wie Roboter. Nicht einmal verlegen, sondern angeblich sogar stolz erklärte er seinen Arbeitern: *„Von Ihnen wird nicht erwartet, daß Sie denken. Dafür werden hier andere Leute bezahlt."*

Vielleicht, so mutmaßt Gareth Morgan – wie mir scheint, nicht ohne Zynismus – in seinem umfassenden Standardwerk zum bildhaften Organisationsverständnis, war Taylor nur seiner Zeit voraus: *„Seine Prinzipien des wissenschaftlichen Managements sind ideal für jede Fertigung, die Roboter statt Menschen einsetzt. Ein Unternehmen kann so wirklich zur Maschine werden."*[31]

Für Bedingungen, unter denen auch Maschinen gut funktionieren, ist dieses Organisationsbild brauchbar:

- ❍ für einfache standardisierte Aufgaben,
- ❍ in einer stabilen, kontrollierten Umgebung,
- ❍ mit Wert auf Präzision,
- ❍ und wiederholbare Gleichartigkeit,

31 Gareth Morgan: „Bilder der Organisation", Stuttgart 1997.

- bei klarer Ziel- und Effizienz-Orientierung,
- ohne Hinterfragen von Sinnhaftigkeit.

Auch wenn ich hier einer Heiligen Kuh des Managements und des Beratungsgeschäftes ans gescheckte Leder gehe: Die ISO-Qualitäts-Zertifizierungs-Manie befriedigt eben diese Bedürfnisse. Mir erscheint sie als das letzte Aufbäumen des Taylorismus. Das Thema Qualität wird den Bürokraten ausgeliefert, die es in dicke Gebrauchsanweisungen für menschliche Roboter verpacken. Der Berater-Bestseller Tom Peters ätzte ja, daß man ISO-gerecht Schwimmwesten aus Beton fertigen kann ...[32]

Sicher gibt es Präzisons-Institutionen, in denen solche Normierungen unverzichtbar für den Betrieb und seinen Erfolg sind: Etwa technische Organisationen mit hohem Sicherheitsrisiko und Präzisionsbedürfnis wie im Krankenhaus die Intensivstation oder der Operationssaal, wie im Flugbetrieb der Tower, das Cockpit oder die Wartungshalle.

Doch dort, wo Initiative und flexible Reaktion, wo Spontanität und Kreativität gefragt sind, blockieren die aufgefädelten Kästchen mit den detaillierten Arbeitsbeschreibungen genau das, was heute unverzichtbare Management- und Mitarbeiterqualifikation ausmacht: Selbstverantwortung mit Phantasie und Mut zum Risiko.

Weisen Sie daher das Ansinnen Ihrer Mitarbeiter nach einer Stellenbeschreibung ab – oder genauer: Weisen Sie es zurück an den Absender! Wenn er nicht gerade den ersten Tag oder die erste Woche in der Firma ist, wird er doch wohl die Phantasie aufbringen, selbst zu beschreiben, was er hier gerne so tun möchte, daß es dem Unternehmen Nutzen bringt. Wie er dabei welche seiner Fähigkeiten einbringen kann und sich dabei ausreichend herausgefordert fühlt, weiß er besser als seine Führungskraft. Die ist dazu da, dieses Angebot mit den Bedürfnissen des Unternehmens in Übereinstimmung zu bringen.

---

32 Tom Peters: „Management in chaotischen Zeiten", Frankfurt/M. 1995.

Weil sich zumindest in die Lippenbekenntnisse von Mitbestimmung und Selbstverantwortung das Bild von den Bossen oben und von den „letzten Mitarbeitern" unten nicht mehr so gut einfügt, gingen Unternehmen dazu über, das Bild ihrer Organisation um 90 Grad zu drehen: Aus oben wurde links, aus unten wurde rechts. *(siehe Abbildung 22) „Da werden Strukturen zwar horizontal und nicht mehr vertikal aufgezeichnet, aber das Design der Prozeßorganisation ist das einer menschenleeren Fabrik."*[33]

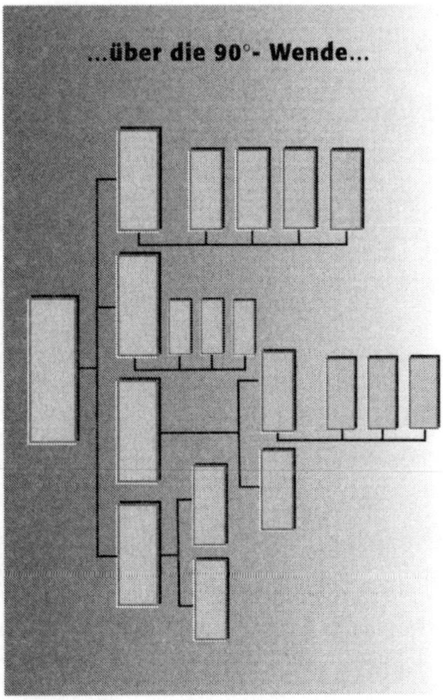

Abbildung 22: Der Alibi-Schwenk um 90°

Außer daß hierarchische Stufen vom ersten Bildeindruck verschleiert wurden, hat das von der Symbolik schon auch eine pikante Dimension: In unserer Kultur ist – in der Schrift am deut-

33 Bernhard von Mutius: „Die Kunst der Erneuerung", Frankfurt/M. 1995.

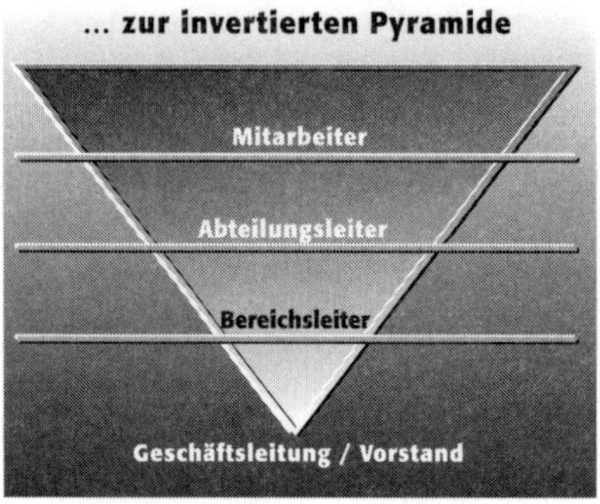

Abbildung 23: Ein gefährlich labiles Organisationsbild

lichsten sichtbar, aber auch in allen Bildabfolgen – links (wo in diesem Bild die Bosse sind) immer Vergangenheit und Herkunft, rechts (wo die Mitarbeiter sind) immer Fortschritt und Zukunft.

Mühsam bis eher gar nicht setzte sich der logische nächste Schritt durch: die Drehung um weitere 90 Grad. Sie führt in der Fachliteratur (dort ist sie auch fast nur zu finden) zur „invertierten Pyramide", also zum Kopfstand der Organisation. *(siehe Abbildung 23)* Daß dieses Bild Vermeidungshaltung bis Ängste hervorruft, scheint mir logisch. Vielleicht liegt's aber doch zu einem guten Teil am Bild. Eine solche Pyramide ist doch eine ungeheuer labile Angelegenheit. Welcher Chef hat schon gern eine ganze Pyramide ständig auszubalancieren, und welcher Mitarbeiter sieht sich schon gerne auf einer so wackeligen Plattform?

Das klingt jetzt eher anekdotisch, ich meine es aber durchaus auch ernst. Bilder prägen unser Verständnis – vor allem Bilder von unsichtbaren Systemen. Oder können Sie sich eine Religion vorstellen, in welcher der Himmel der Erlösten tief unten ist und die Hölle der Verdammten ganz oben? Doch für ein Verständnis von entwicklungsorientierter Organisation bietet uns die Natur rundum das einzig sinnvolle Bild. Wachstum findet dort immer von unten nach oben statt. (Ja, ich weiß, die Mistel macht's anders und bekommt daher auch gleich den zweifelhaften Ehrentitel „Schmarotzer-Pflanze" – ein Bild, das die weiteren Überlegungen nicht widerlegt, sondern eher anregt.)

Als Fritjof Capra zum Wechsel der Sichtweise aufrief, meinte er, daß der wesentliche Teil gesellschaftlicher und wirtschaftlicher Spannungen *„ ... eine Krise der Wahrnehmung ist. Sie entspringt dem Umstand, daß wir die Vorstellungen und Begriffe eines überholten Welt-*

bilds – des mechanistischen Weltbilds ... auf eine Wirklichkeit anzuwenden versuchen, die nicht mehr an Hand solcher Vorstellungen und Begriffe zu deuten ist. Wir leben heute in einer global vernetzten Welt, in der die Interdependenz aller biologischen, psychologischen, soziologischen und ökologischen Phänomene nicht mehr zu übersehen ist. Um diese Welt angemessen beschreiben zu können, brauchen wir eine ökologische Perspektive."[34]

Wenden wir nun diese ökologische Perspektive auf die Organisation von Unternehmen an, bietet sich der Baum als überzeugende Metapher an für nachhaltige, von seiner Umwelt bestimmte und diese wiederum selbst bestimmende Entwicklung als gleichermaßen autarker wie mit seinem Umfeld vernetzter Organismus. *(siehe Abbildung 24)*

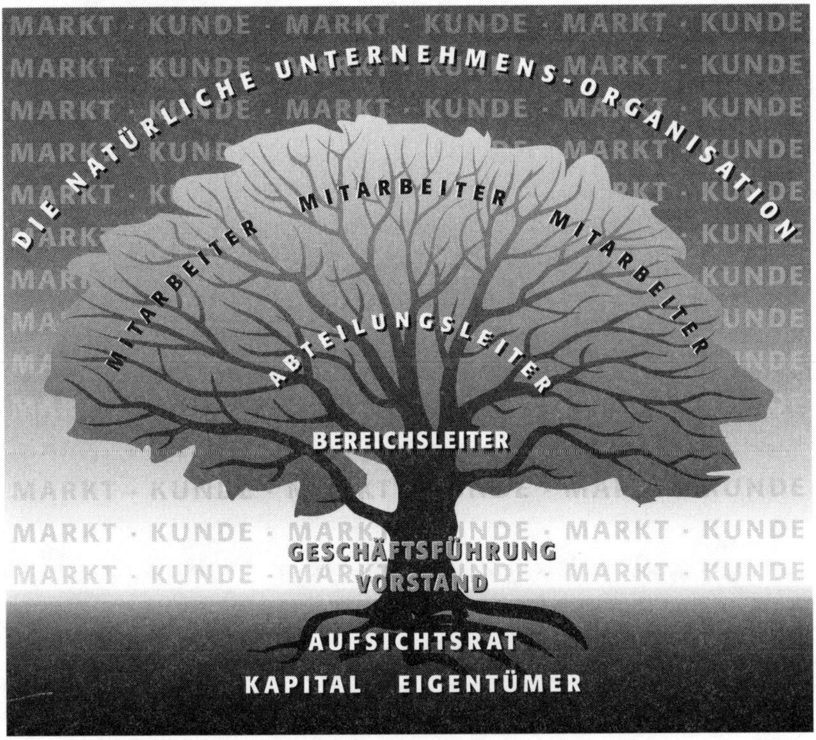

Abbildung 24: Die natürliche entwicklungsorientierte Organisation

34 Fritjof Capra: „Wendezeit", München 1982.

Nicht jeder beliebige Baum wächst und gedeiht in jedem Klima und auf jedem Boden. Seine Größe und seine Form sind von seiner Umwelt bestimmt. Das könnten wir auch als Hinweis sehen, warum ökonomische und organisatorische Heilslehren nicht beliebige Exportartikel zwischen Kulturen sind. Japanisches Motivationstraining, in dem Verkäufern verordnet wird, sich brüllend in Einkaufszentren zu postieren, erscheint ähnlich absurd wie die Südsee-Palme in den Hohen Tauern.

Und doch gibt es eine Grundstruktur, die sich durchwegs auf Unternehmen übertragen läßt: Ein Baum hat *Wurzeln,* mit denen er in seiner Umwelt verankert ist. Das sind bei einem Unternehmen das Kapital, die Eigentümer und die ursprüngliche Geschäftsidee, die dieses Unternehmen entstehen ließ. Diesen Wurzeln kann auch *Nahrung* zugeführt werden durch neues Kapital, durch neue Ideen. Dieser Teil des Baums ist auch zumeist nicht für die Umwelt sichtbar, er entspricht somit dem nicht unmittelbar auf dem Markt operativ tätigen Organen des Unternehmens (Eigentümer, Gesellschafter, Aufsichtsrat, ...) und ihren Instrumenten.

Die Wurzeln verdichten sich zu einem *Stamm,* der den gesamten Baum trägt und stützt. Das ist die Funktion der Unternehmensführung (Vorstand, Geschäftsführer): Rückhalt und Stütze sein, Halt geben mit klar sichtbaren, mit erlebbar gelebten Werten und damit auch die angestrebte Richtung des Wachstums erkennbar werden lassen.

Der Stamm bildet *Äste* aus und diese wiederum entwickeln *Zweige* und *Blätter.* Das sind die hierarchischen Stufen entsprechend Bereichsleitern, Abteilungsleitern und Mitarbeitern. Sie sind notwendig in ihrem Zusammenspiel und auch in ihrer hierarchischen Bindung, damit der Organismus Unternehmen Früchte trägt. Hierarchie ist Ausdruck geordneter Zusammengehörigkeit in einem übergeordneten Ganzen. Sie ist untrennbar mit Macht verbunden, doch ist Machtausübung nicht ihr Zweck – wohl aber sehr oft ihr Problem. Hierarchie abzuschaffen ist eine fruchtlose Illusion, und sie zu leugnen, löst das Problem mit der Macht auch nicht, tauscht es nur aus gegen das Thema Anarchie.

Hier- und andere -Archien

Der Begriff „Hierarchie“ stammt zwar aus dem Griechischen (*hieros* = heilig, *archein* = herrschen), war aber den Griechen der Antike noch überhaupt nicht geläufig. Er kommt erstmals in mystischen christlichen Schriften vor, die vermutlich zu Beginn des 6. Jahrhunderts entstanden sind, auch wenn sie damals dem von Paulus bekehrten Athener Dionysios Areopagita zugeschrieben wurden. In ihnen werden mit dem Begriff Hierarchie neun himmlische Rangstufen bezeichnet. Sie repräsentierten gestufte Rangfolgen von Erkenntnis, Tugend und Erleuchtung. *„Eine gestufte Rangfolge bilden sie“*, wie Ken Wilber ausführt, *„deshalb, weil die jeweils nächste Stufe als umfassender und in diesem Sinn höher betrachtet wurde“*[35] – so wie auch der Stamm ein umfassenderer und daher „höherer“ Begriff ist als der Ast, und dieser wieder ist dem Zweig übergeordnet.

Hierarchie bedeutete also, sein Leben unter die Herrschaft spiritueller, gottgewollter Ordnung stellen. Das Gegenteil davon kann daher nicht Heterarchie sein (das heißt ja „Herrschaft der anderen“) – sondern nur Anarchie, also keine Herrschaft, oder – noch genauer genommen – Diabolarchie, also die Herrschaft ganz und gar nicht spiritueller, heiliger, sondern aus dem polaren Konkurrenzunternehmen des Himmels kommender Kräfte und Werte.

Die weitere Kirchengeschichte hat aus dieser mystischen Idee die Machtstufen vom Papst über Erzbischöfe und Bischöfe bis zu den Priestern abgeleitet, hat also Bewußtseinsebenen in politische Rangebenen umfunktioniert. *„Schon hier erkennen wir, wie leicht eine normale Entwicklungssequenz von zunehmender Ganzheit zu einem System der Unterdrückung und Knebelung degeneriert.“*[36]

Was daraus allerdings auch zu lernen sein könnte, ist, daß ein seit Jahrhunderten global auch wirtschaftlich erfolgreiches Un-

---

35 Ken Wilber: „Eros-Kosmos-Logos. Vision an der Schwelle zum nächsten Jahrtausend“, Frankfurt 1996.

36 Ken Wilber a. a. O.

ternehmen wie die katholische Kirche mit vier hierarchischen Ebenen auskommt, während es Unternehmen mit vergleichbaren Umsatz- oder Mitarbeiterziffern locker auf die doppelte bis dreifache Zahl an Ebenen bringen. Dabei müßte mathematisch bei einer Führungsspanne von nur je acht Mitarbeitern ein dreiköpfiger Vorstand ein Unternehmen von 14.000 Mitarbeitern über nur vier weitere Managementebenen führen können.

Die Schlankheitskuren unter dem Titel „Lean Management" hatten also nicht nur Wirkung – nämlich Kahlschlag im Middle-Management –, sondern auch Ursache: Gerade in Zeiten von hektischen Wirren und nötigem Wandel zeichnet sich das Mittelmanagement dadurch aus, Informationsflüsse in ihrem Sickern nach „unten" oder „oben" zu blockieren und selbstverantwortliches Handeln durch das Erfinden immer weiterer Kontrollen und Alibi-Reports zu blockieren. (Angeblich scheiterte die letzte Rechtschreibreform an der Frage, ob man hier Lehm- oder Lähmschicht schreiben soll.)

Nach diesem Versuch, den so vielgeschmähten Begriff der Hierarchie zu klären, wieder zurück zu unserem Organisations-Baum: Draußen (oder oben) an den Zweigen bilden sich die *Früchte,* stellen also die Mitarbeiter die Produkte und Dienstleistungen her, die von dort in den Markt, in das Umfeld des Organismus Unternehmen kommen. Dort ist auch der „rauhe Wind des Marktes" zu spüren. Er wird zurückgemeldet über die Äste an den Stamm und ist bis in die Wurzeln spürbar, die abstützen und Halt geben.

Dieser Fluß der Kräfte und der Säfte ist der Fluß von Information und Kommunikation. Störungen wirken sich aus auf die Qualität der Früchte und auf den Zustand der Teile dieses ökologischen Kosmos. Da können dann Äste austrocknen und absterben und müssen gestützt oder amputiert werden. Oder es bilden sich neue Äste aus oder neue werden aufgepfropft.

Die Bildsymbole für das Wohl und Wehe des Unternehmens-Organismus Baum sind unerschöpflich. Von der Stimmigkeit dieser Metapher überzeugt mich immer wieder die Kreativität der Teilnehmer von Workshops oder Seminaren, wenn sie die Situation ihres Unternehmens mit diesem Bild darstellen und dann gleichermaßen überrascht wie begeistert sind über die dabei gewonnenen Einsichten zu aktuellen Themen, an denen sie gerade arbeiten. Fasziniert bin ich dabei nicht nur von all den bunten Geschichten, die sich dann *in* diesem Baum abspielen (von Spechten oder einnistenden Vögeln, Pilzbefall, Misteln und kahlen Ästen oder aufblühenden neuen Trieben), sondern auch, wie das Umfeld bildhaft wird: Da gibt's dann Gewitterwolken oder dörrende Sonnenglut, den bedrohlichen Mann mit der Säge oder die besorgte Gärtnerin mit dem Stützpfahl, den benachbarten Baum, der große Schatten wirft, oder den Hund, der den Stamm bepinkelt. Kreative Konfliktbearbeitung, Problemlösung oder auch Strategiearbeit werden durch solche Bilder belebt und gefördert.

Im Gegensatz zum mechanistischen Maschinenmodell des organisatorischen Marionettentheaters ist dieses organische Modell ein offenes System – das heißt, es ist gekennzeichnet durch den ständigen Kreislauf von:

- Input (Nahrungsaufnahme durch den Boden sowie durch das Klima des Umfelds),
- interner Transformation (Fluß der Kommunikation und Motivation sowie der Rohstoffe),
- Output (Fruchtbildung und Ernte) und
- Feedback (Gedeihen im fortwährenden Rhythmus gemäß den Umweltbedingungen).

Ein solches offenes, organisches System reguliert sich selbst, hat also die Fähigkeit, einen stabilen Zustand aufrecht zu erhalten, ohne sich zu verschleißen, und kann sich daher nachhaltig selbst erhalten, was uns zu einem weiteren Thema der Erd-Qualität führt:

Expansion und Nachhaltigkeit

Das Element Erde hat für die Menschheit offensichtlich einen umfassenderen Bedeutungsinhalt als die anderen drei Elemente – sonst würden wir nach ihm nicht gleich unseren ganzen Planeten benannt haben. So sollten wir in die Lehren aus diesem Element auch das Thema einbeziehen, dem ich ein Wort des Navajo-Indianers Jimmie C. Begay voranstellen möchte[37]: *„Wenn wir der Erde etwas wegnehmen, müssen wir ihr auch etwas zurückgeben. Wir und die Erde sollten gleichberechtigte Partner sein. Was wir der Erde zurückgeben, kann etwas so Einfaches – und zugleich so Schwieriges – wie Respekt sein."*

Ob wir in diesem Sinn respektvoll arbeiten, zeigt sich in erster Linie am Umgang mit den natürlichen Ressourcen: Wie wir Rohstoffe ge- und verbrauchen und wie wir mit deren Verarbeitung wiederum die Umwelt belasten oder durch ihre sinnvolle Wiederverwertung die Umwelt entlasten.

Daß Ökonomie und Ökologie nicht auf Dauer in Konkurrenz stehen können, wurde spätestens in den siebziger Jahren spürbar – wenngleich auch noch lange genug als Aufruf zu gefinkelteren Konkurrenz-Strategien verstanden: Wie überliste ich die Umwelt oder zumindest ihre Beschützer?

In den achtziger Jahren begannen zuerst die PR-Manager sich des Themas anzunehmen: Kaum ein Produkt, das sich nicht mit „grünem Punkt" als umweltfreundlich verkaufte! Man versuchte, Unternehmensimages zu begrünen, und die „End-of-the-pipe"-Technologien erlebten ihren Boom: Abwässer und Abgase wurden nachträglich gefiltert, geklärt und gesäubert, und immer effizientere Methoden der Müllentsorgung wurden entwikkelt.

Es entsprach aber eben genau dem Maschinendenken: Der die Umwelt belastende Ausstoß wird kosmetisch behandelt und mög-

37 Aus „Weißt du, daß die Bäume reden – Weisheiten der Indianer", Wien 1986.

lichst unauffällig entsorgt, die Maschine Unternehmen aber selbst nicht in Frage gestellt.

In nennenswertem Ausmaß begannen Unternehmen erst in den neunziger Jahren die Lehre der „Mutter Erde" aufzunehmen und gesamtheitlich – nicht erst beim Output – ökologisch zu denken und auch zu handeln. Und jene, die es wirklich konsequent betrieben, erlebten – zumeist überrascht –, daß der Schritt von der Konkurrenz zur effizienzsteigernden Partnerschaft von Ökonomie und Ökologie tatsächlich möglich ist.

Diese Einsicht wurde freilich auch durch notwendige gesetzliche Maßnahmen gefördert, welche die Umweltkosten aus der volkswirtschaftlichen in die betriebswirtschaftliche Rechnung verlegten, also die Reparaturkosten für die Umwelt an den Betrieb zurückspielten. Umweltmanagement wurde von einer politischen zu einer unternehmerischen Aufgabe.

Der nächste Schritt ist nun zu tun an der Schwelle zum nächsten Jahrzehnt, das halt auch ein nächstes Jahrhundert, ein nächstes Jahrtausend einleitet: Ökologisches Denken nicht als Reparaturverständnis zur Vermeidung von lästigen Nebenwirkungen, sondern als selbstverständliche Grundlage für ökonomisches Handeln. Aus dem Konfliktfeld wird ein Kreativfeld, das Entwicklung nicht hemmt, sondern sogar anregt. Denn Evolution und Adaption, Synthese und Symbiose, Vernetzung und zyklische Prozesse sind die Lehren der Erde für das Management.

Biologische Strukturen und Prozesse werden uns immer öfter als Ratgeber und Anreger dienen, vor allem für die Organisation von Wachstum, das nicht vom grenzenlosen Wachstumsglauben der Macher, sondern vom Verständnis für Entwicklung in Koevolution getragen ist. Denn wenn wir unser wachsendes Wissen über die Natur und deren Dynamiken nicht in eine naturgerechte Handlungs- und Lebensweise umsetzen, dann macht die Zivilisation nur sehr geringe Fortschritte.

„Die alte Organisation war gut geeignet, Ernten einzuholen, d. h. Werte abzuschöpfen, aber weniger dazu ausgelegt, zu innovieren, d. h. neue Werte zu schaffen."[38] Die neue Organisation, die sich in unterschiedlichen Detailformen als offenes organisches System versteht, ist von Grund aus auf nachhaltige Entwicklung in natürlichen Rhythmen angelegt.

Natürliche Systeme wachsen nicht, indem sie sich bis zur Unbeweglichkeit vergrößern, sondern indem sie neue autarke Strukturen ausbilden, die sich mit dem zentralen System vernetzen. Hier leistet sich die Natur auch den Freiraum fürs Experiment: Nicht jeder Ableger und nicht jeder Seitentrieb wird auch zum Baum. Garantiescheine gibt's nicht in der Entwicklung. Das ist die Botschaft der Natur, die uns auch alle großen Mythen vermitteln: Jeder Entwicklungsweg führt mit Versuch und Irrtum über Risiko.

Ich glaube nicht, daß bei Homer geschrieben steht: *„... So zog Odysseus gegen Troja und schloß zuvor eine Taggeld-, Gepäck- und Rückholversicherung ab."* Es ist die Illusion unseres Machbarkeitswahns, zu glauben, alles sei abgesichert zu managen, man müsse es nur richtig planen, organisieren und kontrollieren, und einige Auserwählte hätten Kraft ihrer Erfahrung oder gar ihres Amtes von vornherein den vollen Durchblick. Da sollte zum oben erwähnten Respekt auch noch das Stück Demut dazukommen, das bereit macht, Scheitern als Lernschritt im Innovationsprozeß zu investieren und zu akzeptieren

Wo sich folgende Geschichte abgespielt hat (und ob überhaupt), kann ich nicht verbürgen, sie ist jedoch zumindest eine illustrative Anekdote zur Bedeutung dieses Erfahrungslernens:

---

38 Ursula Schneider: „Reengineering und andere Managementmoden: Vorüberlegungen zu einem temporären Ansatz von Organisation" in „Vom Business Process Reengineering zum Change Management" (Hrsg. Hans-Peter Liebmann), Wiesbaden 1997.

Nachdem ganz offensichtlich durch seinen Fehler dem Unternehmen ein Schaden von fünfzigtausend Mark entstanden ist, wurde ein Produktionsleiter zu seinem Chef gerufen. Ohne nach Ausreden zu suchen, begann er gleich selbst das Gespräch: „Ich weiß, Sie werden mich jetzt sicher rauswerfen, aber ..." – „Was, Sie rausschmeißen?" schnitt ihm der Chef das Wort ab, „wo wir doch gerade fünfzigtausend Mark in Ihre Entwicklung gesteckt haben! Erzählen Sie genauer, wie das passiert ist, damit wir alle davon lernen können!"

Die Anforderung von außen, vom Markt an Unternehmen lautet heute, immer schneller zu innovieren. Die Kehrseite der Innovationsmedaille heißt Risiko. Die Anforderung von innen – also von Shareholdern, Eigentümern und Mitarbeitern mit dem Wunsch nach sicheren Arbeitsplätzen – an das Management lautet, Risiko zu minimieren. Die Kehrseite von Sicherheit heißt aber Stillstand. So rotiert der Manager in der ängstlichen Absicherung halbherziger Verbesserungversuche und schaut immer wieder enttäuscht in den leeren Briefkasten mit der Aufschrift „Ihr Vorschlag ist willkommen!"

Ein Ausweg aus dem Dilemma – freilich auch ohne Garantieschein, aber mit bewährter Erfolgswahrscheinlichkeit – heißt: Lagern Sie Innovation und Risiko aus! Nicht ganz aus dem Unternehmen, aber aus der Organisation – in zeitlich begrenzte Organisationen mit dem Spielraum von Versuch und Irrtum: in Projekt-Teams.

Projekte sind die Entwicklungs- und Beobachtungsfelder nicht nur für Innovation, sondern auch für Führungsqualifikation. Bewährt sich das Projekt, können die neuen Entwicklungen – Produkte, Verfahren, Prozesse – in die Organisation integriert werden oder auch zu neuen, nicht mehr zeitlich befristeten Kompetenzzentren geformt werden, die sich mit der Gesamtorganisation vernetzen.

Projekte sind auch Entwicklungslabors und Prototypen, in denen neue Formen der Zusammenarbeit erprobt werden können. In ihnen ist Risiko nicht nur möglich, sondern notwendig, aber es ist immer überschaubar im Rahmen des Projektauftrags: *„Sollte* *sich der eingeschlagene Weg nicht bewähren, kann der Versuch im Projekt schnell und unter Begrenzung des Schadens abgebrochen und das Ergebnis daraus gesichert werden. Das Risiko riskanten Handelns wird handhabbar und damit gegenüber dem immer größer werdenden Risiko, nicht zu handeln, alles beim alten zu belassen, zur wählbar vorzugswürdigen Alternative."*[39]

Um die Chancen dieses Organisationsinstruments zu nutzen, ist freilich ein professionelles Verständnis von Projektarbeit nötig. Auch wenn ich nichts davon halte, jedes Handwerkzeug gleich zur Wissenschaft zu verkomplizieren, sollten doch die Grundregeln dieser Arbeit außerhalb der gewohnten Strukturen erst gelernt werden anstatt in aufreibenden Konflikten mit der Linie und in uneffizienten „leeren Kilometern" schmerzhaft erfahren zu werden.

Die Literatur zum Projektmanagement ist inzwischen reichlich bis unübersehbar, das Angebot an Seminaren und Hochschullehrgängen ebenfalls. Das zeitgemäße und für die Praxis hilfreiche Angebot erkennt man hier daran, daß neben Arbeits-, Planungs- und Kontrolltechniken – also dem instrumentellen Werkzeugkasten – die „Soft-Skills" zur Steuerung der Gruppen- und Teamprozesse nicht als Garnitur, sondern als mindestens gleichbedeutendes Thema offeriert werden. Denn an den Kommunikations-, Kreativitäts- und Führungsmängeln und an den unbearbeiteten Konflikten daraus scheitern Projekte mindestens so oft wie an technischen oder finanziellen, juridischen oder organisatorischen Problemen.

Die Begeisterung für Projekte nutzt sich auch schnell ab, wenn jeder etwas komplexere Auftrag zum „Projekt Kunde X" erklärt wird. Daher hier zu Sicherheit doch die Basis-Definition:

---

39 Schneider a. a. O.

Ein **Projekt** ist:

- die Planung und (je nach Auftragsumfang) Durchführung
- eines klaren Ziels (oder klar definierten Ziel-Korridors),
- das zeitlich begrenzt ist (also keine unendliche Geschichte),
- in wirtschaftlichem Zusammenhang mit dem Gesamtunternehmen steht (der auch zur Definition der Projektbedeutung abgeschätzt werden soll),
- außerhalb der Routinearbeiten und
- außerhalb der bestehenden Organisation läuft.

Der **Projektleiter** erfüllt seine Aufgabe am besten, wenn er sicherstellt, daß alle vier Elemente wirksam werden können:

- Das *Feuer* der Begeisterung und des zielorientierten Handelns,
- das *Wasser* geklärter Beziehungsströme untereinander mit gegenseitiger Akzeptanz und Wertschätzung,
- die *Luft* der Kreativität durch vielseitige Sichtweisen und durch den Spaß, den man in und in der Arbeit miteinander hat,
- sowie die *Erde* des strukturierten, Verpflichtungen und Vereinbarungen beachtenden Vorgehens.

Am sichersten wird er dieser Anforderung gerecht, wenn er schon bei der Auswahl der Projektmitarbeiter diese Dimensionen in deren Temperament und Verhalten beachtet.

Ob diese Mitarbeiter für die Dauer des Projekts ausschließlich dem Projektleiter verantwortlich sind (reine Projektorganisation) oder weiterhin auch in einer Linienverantwortung bleiben (Matrix-Projektorganisation) hängt einerseits von der Bedeutung ab, welche die Unternehmensleitung dem Projekt gibt, aber doch auch von der grundsätzlichen Bekenntnisbereitschaft zum Projekt als eigenständigem unternehmerischen Organismus.

Es haben auch beide Varianten ihr Für und Wider, was uns auch hier vom Propagieren eines Patentrezepts Abstand halten läßt.

Der Verbleib der Projekt-Mitarbeiter in der Berichtspflicht und personaler Kompetenz der Linie bringt natürlich die sattsam vertrauten Matrix-Probleme: Diener zweier Herren, Machtspiele zwischen Projekt- und Linienvorgesetztem, geringere Identifikation mit dem Projekt und eine Doppelbelastung, die Organisationsgeschick und reifes Selbstmanagement erfordern.

Auf der Vorteils-Seite stehen leichtere Integration des Projekts in das Gesamtunternehmen, flüssigerer Informations- und Know-how-Transfer zwischen beiden Organismen und flexiblere Ressourcen-Nutzung.

Die Vor- und Nachteile des reinen Projektmanagements, in dem die Teammitglieder in der Laufzeit des Projekts nur ihrem Teamkapitän verantwortlich sind, ergeben sich vor allem aus der Umkehr des soeben Gesagten. Stärkster Nachteil daher die Wiedereingliederung nach Projektende in den Gesamtorganismus, geringere Flexibilität bei neu auftretendem Know-how-Bedarf sowie die Gefahr, daß das Projekt in der Akzeptanz von außen zu früh zum abgekoppelten Fremdkörper werden könnte. Das führt mitunter sogar dazu, daß nicht die bestgeeigneten, sondern jene, die gerade leichter in ihrem Bereich verzichtbar sind, für das Projekt nominiert werden. Wesentlicher Vorteil: größerer Handlungs- und Gestaltungsspielraum und höhere Identifikation des Projektteams mit dem Projekt.

Aufgabe verantwortungsbewußter Unternehmensführung ist es auch hier nicht, zwischen Patentrezepten mit Erfolgsgarantie zu wählen, sondern situativ und damit auch angemessen differenziert zu entscheiden.

Vom Baum zum Kreis

Die Aufforderung zum Projekt-Management ist sicher nicht so gemeint, daß deshalb innerhalb der Organisation dann Routine verpflichtend sowie Denken über Alternativen verboten sind und jede neue Idee sofort zum Projekt erklärt wird. Es geht überhaupt nicht ums „Entweder-Oder“, sondern um ein „Sowohl als auch“

mit zusätzlichen Instrumenten und mit neuen Bildern. Auch die Organisationsmetapher Baum ist Angebot und Anregung zum Umdenken, ist eine mögliche neue Landkarte – nicht die Gegend!

Wenn schon das Bild vom Unternehmens-Baum manchem als Natur-Romantizismus zu weit weg von der bisherigen geometrischen Darstellungsform von Organisationsbildern sein mag, dann könnten wir diesen Baum auch aus der Vogelperspektive betrachten und den Organismus Unternehmen als Kreis sehen. *(siehe Abbildung 25)*

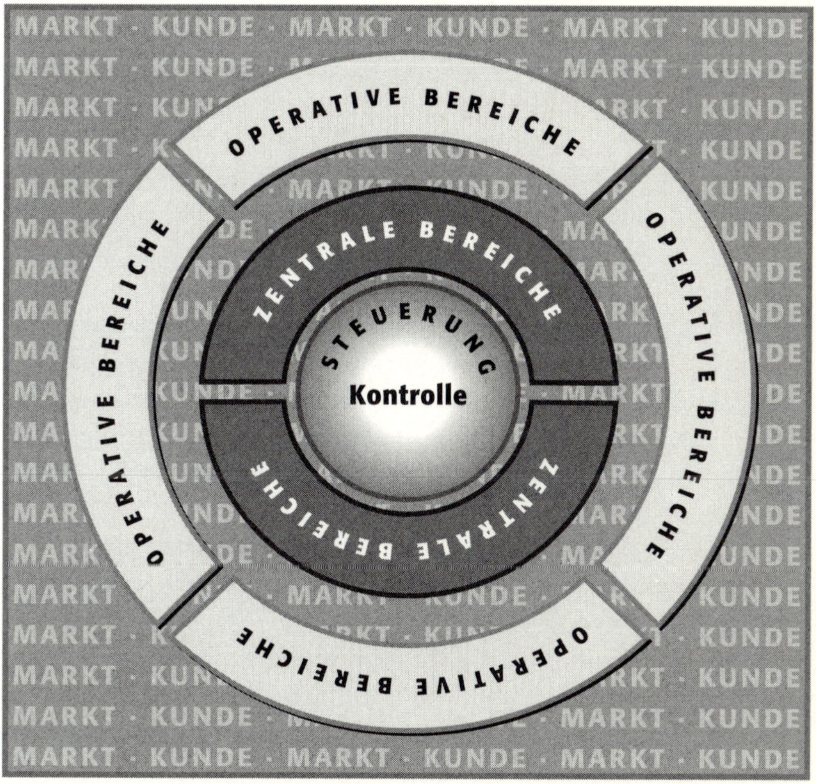

Abbildung 25: Der Kreis des Unternehmens

Dieser Kreis hat eine äußere Schale, die dem Umfeld Markt am nächsten ist. Das sind die operativen Bereiche als Profit-Center, als mehr oder weniger eigenständige operative Gesellschaften oder auch als temporäre Organisationen, als Projektteams mit definierter Aufgabe und Kompetenz. Kundennähe ist hier nicht nur Parole, sondern deutlich sichtbares Bild. In Projekten gemeinsamer Entwicklungsarbeit und in Prozessen des Out- oder In- oder Co-Sourcing können sich diese Einheiten auch mit anderen Organismen ihres Umfelds verbinden – mit Kunden ebenso wie mit Lieferanten oder auch mit anderen Marktbegleitern. (Auch wenn sein Beigeschmack leicht zur gönnerhaften Arroganz tendiert, liebe ich diese Bezeichnung für das, was man im kämpferischen Marktdenken bisher Konkurrent oder Mitbewerber nennt.)

Wie weit die Eigenständigkeit dieser Bereiche geht – die Spannweite reicht vom temporären Projekt bis zur eigenen Gesellschaft –, wird in der Praxis vor allem von der zur Verfügung stehenden Kapazität an Managementqualität abhängen. Unternehmen, die in ihrer Personalentwicklung nicht rechtzeitig für Führungsnachwuchs und dessen Ausbildung in den sogenannten „Soft-Skills" (wie Kommunikation, Kooperation, Konfliktbearbeitung, Delegieren, Motivieren, Teambildung, Coaching) gesorgt haben, erleben an dieser Stelle ihr Waterloo oder zumindest Verluste an Effizienz und Effektivität.

Die Kreisform ist nicht nur Symbol für ganzheitliche Systeme, sondern auch die Fläche der kürzesten Wege. Sie führen zum inneren Kreis der zentralen Service- und Steuerungsbereiche. Auch für ihre Gestaltung steht eine breite Palette zur Verfügung: von der Abteilung in einer Holding-Struktur bis zum eigenständigen Anbieter von Dienstleistungen. Der kann dann auch mit externen Anbietern im Wettbewerb stehen und sein Wirkungs- und Interessenfeld weit über die Grenzen des offenen Kreises ausdehnen. Werbeabteilungen, die zu Agenturen werden, Human-Resource-Abteilungen, die zu Ausbildungszentren werden, und auch EDV-Zentren, die ihre Kapazitäten auf dem Markt anbieten, sind dafür bereits mehrfach realisierte Beispiele.

Das Zentrum des Kreises ist die Position der Unternehmensführung – je nach Gesellschaftsform Vorstand oder Geschäftsführung, beauftragt und kontrolliert von Aufsichtsrat oder Eigentümer, dem innersten Kern der konzentrischen Kreise.

Jetzt könnte man freilich sagen: Im maschinellen Marionettenbild waren alle von ihnen abhängig, und jetzt dreht sich halt alles um sie. Nur dreht sich's jetzt um sie mit freien Räumen der Gestaltung und Entwicklung – und Art und Tempo der Drehung werden von außen ebenso beeinflußt wie von innen.

Das Kreis-Symbol wie auch die Baum-Metapher ermöglichen es nicht nur, sondern drängen es sogar auf, auch das Umfeld des Unternehmens in seinem Bezug zu diesem Organismus bildhaft darzustellen. Mich erstaunt es ja immer wieder, wie vollmundig alle Unternehmen von ihrer absoluten Kundenorientierung zur „Total Customer Satisfaction" reden – und der einzige, der in der Darstellung ihrer Welt fehlt, ist die Umwelt, ist der Kunde.

Wenn wir den Quantensprung in ein neues Jahrtausend machen wollen, dann kann damit ja nicht nur der Quantitätensprung der Megafusionen gemeint sein, sondern wohl auch ein Qualitätssprung in unserem bildhaften Denken. Dieser braucht nicht nur systemtechnisches Verständnis, sondern auch systemisch-kreative Kompetenz.

Manchmal habe ich den Verdacht, daß es nur an der mangelnden Courage zum freihändigen Zeichnen und somit der Wiedererweckung der rechten Gehirnhälfte liegt, daß wir in den Bildern der Organisation nicht aus den eckigen Kästchen rauskommen. Denn die liefert jedes mittlere Text-Programm auf ein paar Tastendrucke am PC. Vielleicht hilft ein fortgeschrittener Umgang mit bedienerfreundlicheren Zeichenprogrammen ein wenig über diese Hürde.

Es ist nicht möglich, Verständnis und Verhalten neu zu orientieren, ohne die Sprache neu auszurichten. Da kreatives Denken immer bildhaftes Denken ist, müssen wir auch unsere Bilderwelt neu ausrichten, wenn das neue Verständnis von ökologischer Ökonomie nicht nur auf akademische Literatur reduziert bleiben soll. Dazu kann das Aufnehmen, Verstehen und Umsetzen der

Lehren der vier Elemente dienen. Und daß das nicht kosmetische Spielerei mit Bildern ist, unterstreicht auch dieser Satz von Konfuzius: *„Wenn die Begriffe nicht stimmen, dann ist das, was gesagt ist, nicht das Gemeinte. Wenn das, was gesagt ist, nicht das Gemeinte ist, dann gedeihen die Werke nicht."*

Zeit-Qualität und Rhythmus

Von den vier Elementen ist die Erde das dauerhafteste, das beständigste. Nachhaltiges Wirtschaften *(sustainable economy)* ist der Appell, der freilich im Widerspruch steht zum kurzfristigen Erfolgsdenken auf der Jagd nach dem Shareholder-Value und auf der Suche nach Patentrezepten im modischen Kleid der neuen Totalitarismen wie „Total Quality" und „Total Customer Response", oder der neuen Reaktivismen wie Reengineering, Restructuring und Redesign ... Seltsam, wie das alles reaktiv statt pro-aktiv klingt.

Doch nachhaltiger Erfolg – das lehrt uns die Erde als Element und als Planet – ist keine Sache flotter Erfolgsformeln, die man übers Wochenende in der Managerrunde lernt und ab Montag ins Unternehmen einpflanzt oder mit ermunternden Worten (garniert noch mit ein paar versteckten Drohungen) verordnet. Es gilt das Gesetz der Ernte. Das läßt sich nicht beschleunigen – höchstens übereilen – und es folgt Rhythmen, in die wir eingebunden sind, ob wir sie wahr- und aufnehmen oder nicht.

„Zuviel Lärm, zuwenig Rhythmus, keine Melodie." Auf diesen kurzen Nenner bringt der Philosoph Michel Serre[40] unseren Verlust des Gefühls für das rechte Zeitmaß als zentrales Entwicklungsprinzip alles Lebendigen.

Wie bei manch anderer Kategorie unseres Lebens sind wir auch im Umgang mit der Zeit auf ihre quantitative Dimension

40 Michel Serre: „Die fünf Sinne", Frankfurt/M. 1993.

fixiert. Die hieß bei den alten Griechen „chronos", und ihr allein gilt unsere ganze Aufmerksamkeit. Mit Chronometern und Chronographen messen wir sie bis zur tausendstel Sekunde und darüber hinaus, pressen sie in dicke ledergebundene oder handlichere elektronische Time-Manager und meinen so, sie in den Griff zu bekommen.

Die Menge der Zeit erleben wir als knappe Ressource, die man nach ökonomischen Prinzipien optimal nutzen muß. Diese Rationalisierungsstrategie ist Ausdruck unseres Bemühens, jede Qualität zu technisieren und zu monetarisieren. Zeit ist ja Geld und mit beidem muß *„pfleglich umgegangen werden. Das Anmaßende liegt in dem für die Industriegesellschaft typischen Gestus, sich gegenüber allem, besonders gegenüber der Natur, als Herr und Besitzer zu verhalten ... Das Zeitmanagement ist daher eine Illusionsveranstaltung mit dem Ziel, die Zeit zur Ware zu machen."*[41]

Auch hier stimmen, wie – siehe oben – Konfuzius sagte, die Begriffe nicht. Oder genauer: Uns ist ein Begriff abhanden gekommen: der Begriff für die Qualität der Zeit. Für ihn hatte eine Kultur wie die der Griechen, die zu Qualität und Quantität ein ausgewogeneres Verhältnis hatte, gleich zwei Wörter: „hora" (das wurde erst bei den Lateinern zum meßbaren Zeitabschnitt, somit zur Stunde) und „kairos". Beides bezeichnete die uns verloren gegangene Dimension der Zeit und wird übersetzt als „die rechte, passende günstige Zeit für etwas". Das hat mit ihrer Menge nichts zu tun, sondern mit dem Rhythmus, den wir vor lauter Lärm nicht hören, so daß auch die Melodie untergeht.

Allein unser Körper ist eingebunden in mehr als 150 biologische Rhythmen, die an den Wechsel von Tag und Nacht angekoppelt sind: Körpertemperatur, Atem, Pulsschlag, Blutdruck, Schweiß- und Harnausscheidung sind rhythmische Prozesse, die wir als Selbstverständlichkeiten kennen. Andere biologische Rhythmen nehmen wir gar nicht wahr. (Achten Sie z. B. einmal auf den Zwei-Stunden-Rhythmus, in dem sich die beiden Nasenöffnungen abwechseln, jeweils stärker als die andere frei zu sein.)

---

41 Karlheinz A. Geissler: „Zeit", Weinheim-Berlin 1996.

Ob wir nun mit dem Flugzeug Zeitzonen durchqueren oder uns mit Nachtarbeit darüber hinwegsetzen – Leben gegen den Rhythmus fordert Kräfte.

Da liegt es wohl nahe, sich einmal anzusehen, wie weit auch soziales und ökonomisches Agieren gegen natürliche Rhythmen erhöhten kollektiven und individuellen Energieaufwand verursacht. Wir sehen's vielleicht etwas besser an den nächstgrößeren Rhythmen: In den Mond- und somit Monatsrhythmus sind Männer ebenso eingebunden wie Frauen, nur spüren ihn halt Männer nicht an körperlichen Symptomen – und die emotionalen wahrzunehmen ist ihnen schon immer schwerer gefallen als Frauen.

Daß ein Leben gegen den Rhythmus der Jahreszeiten mit erhöhtem Aufwand an Energie verbunden ist, das ist schon materieller wahrzunehmen und auch zu bezahlen: mit den Transportkosten und der Umweltbelastung, die der Preis sind für unser Bedürfnis, auch im Dezember frische Erdbeeren auf dem Tisch zu haben oder uns am Sonnenstrand zu bräunen.

Ein weiterer Rhythmus, der unser körperliches und auch das soziale Leben prägt, ist der Siebenjahres-Rhythmus. Nach sieben Jahren hat sich in unserem Körper jede Zelle erneuert. Bis zum siebenten Lebensjahr sollte ein Kind die Freiheit der Entwicklung haben, der Zahnwechsel signalisiert auch eine neue Lebensphase. In unserem Beschleunigungsbedürfnis meinen wir allerdings, Kinder müßten schon mit sechs Jahren zur Schule geschickt werden – es ist gegen den Rhythmus der Natur. Ums vierzehnte Lebensjahr beginnt die Pubertät – freilich ist hier auch Raum für individuelle zeitliche Spielräume –, mit einundzwanzig Jahren die Adoleszenz, die mit achtundzwanzig abgeschlossen ist.

Astrologen nennen übrigens diese Zeit um 28 bis 30 die Saturn-Revolution, weil im kosmischen Rhythmus dieser Planet (Saturn ist in der römischen Mythologie das Pendant zum griechischen Chronos, dem Zeitmesser) nach so vielen Jahren einmal seine Kreisbahn vollendet hat. Das ist die Zeit, auf der die bisherige Lebenslaufbahn überprüft und in Frage gestellt wird. Blättern Sie einmal in Ihrer Lebensgeschichte nach, wenn Sie diesen Punkt schon überschritten haben: Was haben Sie damals in Frage gestellt? Welche Beziehungen und Bindungen – berufliche oder private – haben Sie aufgelöst, welche neu begründet? Wer hier die Forderungen der Lebensgezeiten nicht annimmt, bekommt sie in den Phasen der sogenannten Midlife-Crisis um 35, um 42 und gegen die 50 neu serviert.

Die Frage, ob man dazu an Astrologie glauben muß oder nicht, würde ich hier zweifach beantworten: Erstens sollte man Themen erst nach ausgiebiger Informationsphase (und nicht statt einer solchen) in den Glaubens- (oder gar Aberglaubens-) Bereich abschieben. Und zweitens fällt mir dazu die Geschichte über Niels Bohr, den großen dänischen Nobelpreisträger für Physik ein:

Freunde, die ihn besuchten, sahen erstaunt über seinem Hauseingang ein Hufeisen hängen und fragten ihn, was das hier solle. „Das bringt Glück", antwortete er mit der größten Selbstverständlichkeit. – „Was, du als Wissenschafter glaubst an so was?" höhnten die Freunde. – „Nein, das nicht – aber ich habe gehört, es wirkt auch, wenn man nicht dran glaubt!"

Wir sind in Rhythmen innerer und äußerer Natur eingebunden – ob wir dran glauben oder nicht – und sollten sie deshalb zur Handlungsmaxime machen, wenn wir für die Gestaltung unseres individuellen und unseres sozialen Lebens Orientierung suchen.

Sie meinen, wir wären jetzt ein wenig abgekommen vom Themenkreis Management und Leadership? Falls auch Sie im – geschriebenen oder ungeschriebenen – Leitbild Ihres Unternehmens so etwas ähnliches stehen haben wie *„Bei uns ist der Mensch Mittelpunkt"* (und nicht: *„Bei uns ist der Mensch Mittel. Punkt."*), dann sind wir ganz unmittelbar am Thema. Und wenn Sie Ihr Unternehmen als einen in ein natürliches Umfeld eingebetteten Organismus sehen, dann erst recht. Für Manager, die in und mit ihrem Unternehmen umwelt- und sozialverträglich leben wollen und das „ganzheitliche Denken" nicht zum leergekauten Schlagwort degradieren wollen, ist es unverzichtbar, sich Kenntnisse über natürliche und soziale, ökonomische und ökologische Rhythmen anzueignen.

Eine „Theorie der langen Wellen" ist ja auch in den Wirtschaftswissenschaften so angesehen, daß sie zumindest zur beliebten Prüfungsfrage für Studenten arrivierte. Über „die langen Wellen der Konjunktur" schrieb 1926 ein russischer Wissenschafter namens Nikolai Kondratieff. Ihm zu Ehren werden die periodischen Phasen von Prosperität und Rezession, die mit größeren sozialen Wandlungsprozessen verbunden sind, Kondratieff-Zyklen genannt. Im Rückblick bis ins 18. Jahrhundert ortete er Wellen mit einer Phasenzeit von 45–60 Jahren: Sie waren geprägt:

- vom Übergang von der Agrar- zur Industriegesellschaft mit Entstehen der neuen sozialen Klasse der Arbeiter (1. Kondratieff),
- von neuen Infrastrukturen durch Eisenbahn und industrielle Massenproduktion (2. Kondratieff),
- von Elektrizität und Chemie mit neuen Produkten und Verfahren (3. Kondratieff),
- vom individuellen Massenverkehr durch Automobilisierung und petrochemischer Energie mit Infragestellen der Industrie durch Umweltproblematik (4. Kondratieff),
- und – seit den siebziger Jahren – Informations- und Wissensgesellschaft, die den einzelnen Menschen als produktivitätsbestimmenden Faktor in den Mittelpunkt rückt (5. Kondratieff).

In ihm steht er nun, der Mensch, und seine Wirtschaft und seine Gesellschaft stehen mittendrinnen in diesem „fünften Kondratieff". Sicher auch nur eine Theorie, eine mögliche Landkarte – nicht das Land selbst. Und wenn wir unser wirtschaftliches Umfeld mit dem entspannten Blick anschauen, mit dem man in den bunten „magischen" Bildern nach einiger Zeit die Figuren einer dritten Dimension erkennt, werden wir auch noch andere Wellen und Rhythmen erkennen, wie Alvin Tofflers „Third Wave" und andere mehr.

„Gezeiten gibt's im menschlichen Geschick: Wer klug die Flut benützt, gelangt zum Glück", meinte dazu Shakespeare. Für effektives Handeln zum Erfolg ist daher die Kenntnis von Zyklen, das Erspüren und Erleben von Rhythmen sowie das Leben mit Rhythmen Voraussetzung und somit notwendige Qualität für ganzheitliches Führen.

Der größte dieser Rhythmen führt wieder in kosmische Dimensionen und hat auch eine Melodie. Die ist zum Hit geworden aus dem Musical „Hair“ und singt vom „Age of Aquarius“, dem Zeitalter des Wassermanns. Das hat mit Astrologie viel weniger zu tun als mit einer Beobachtung ihrer Hilfswissenschaft Astronomie. (Tut mir leid für die Astronomen, die das nicht gerne hören – aber den Astrologen zu dienen, war ihr Gründungsanlaß und ursprüngliches Ziel ihrer Arbeit, auch wenn die wissenschaftlichen All-Erforscher heute bestenfalls mitleidig, meistens aber geringschätzig bis verächtlich ihren esoterischen Brüdern begegnen.)

Im Zeitalter des Wassermanns bzw. kurz vor oder eher schon nach der Schwelle zu ihm sind wir aus folgender astronomischer Einsicht: Von der Erde aus gesehen durchläuft die Sonne jedes Jahr eine Bahn, man nennt sie die Ekliptik, die sich durch Gebilde von Fixsternen bezeichnen läßt. So durchläuft sie die Sternbilder Jungfrau, Waage, Skorpion, Schlangenträger (dieser wurde im Gegensatz zu den anderen nicht ins astrologische Repertoire aufgenommen) und all die anderen bekannten Projektionsflächen für menschliche Temperamente und Verhaltensweisen. Als diese Sternbilder benannt und die ihnen umliegenden Abschnitte der Ekliptik in zwölf gleiche Teile geteilt wurden – vor etwa 4.000 Jahren –, stand die Sonne am ersten Frühlingstag, dem Beginn des Jahres in der Astrologie und wohl auch in der Natur, im Zeichen des Widders. Da sich diese Sternbild-Kulisse einmal in etwa 25.000 Jahren um die eigene Achse dreht, verschiebt sich auch die scheinbare Position der Sonne in jeweils guten zwei Jahrtausenden im Uhrzeigersinn um einen Tierkreisabschnitt. So stand sie die zwei Jahrtausende davor im Frühling im Zeichen des Stiers und steht heute im Frühling vor dem Sternbild des Wassermanns. *(siehe Abbildung 26 auf Seite 180)*

Jede dieser großen Phasen von etwas mehr als 2.000 Jahren nennt man seit alten Zeiten ein Weltzeitalter. Sie sind an den religiösen Kultfiguren und Symbolen in ihrem kulturellen Umfeld (die Indianer oder die Chinesen oder die Inder haben jeweils

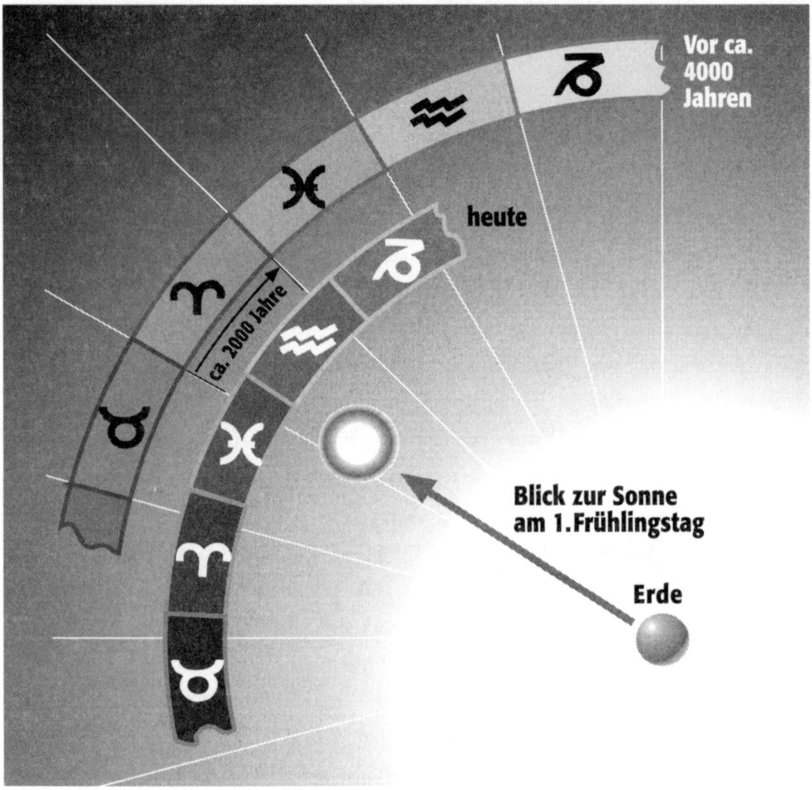

Abbildung 26: Der Frühlingspunkt wanderte in den Wassermann

ihre eigene, andere Bilderwelt) auch gut erkennbar: Das Zeitalter des Stiers mit den Stierkulten, vor allem Kreta-Touristen durch die Geschichte vom dortigen Minotaurus bekannt. Auch aus dem Alten Testament wissen wir, daß die Ägypter das „goldene Kalb" anbeteten. Moses, der in der Bibel „der Widdergehörnte" heißt (deshalb stellt ihn auch Michelangelo in seinem berühmten Standbild mit zwei Hörnern dar), führte sein Volk in das neue Weltzeitalter, in dem das Lamm, der Widder das Kultsymbol war. Seine höchste Form, „das Lamm Gottes" wurde geopfert, und es begann das Zeitalter der Fische. Zumindest wer „Quo Vadis" gesehen hat, weiß, daß sich die Christen mit dem Fische-Symbol, das überhaupt das tragende Symbol des Christentums wurde, in den Katakomben verständigten. Diese 2.000 Jahre gehen jetzt zu Ende – vielleicht mit ein Grund, warum sich die weltliche Vertretung dieser Religion mit den Anforderungen und Botschaften des neuen, des Wassermann-Zeitalters so schwer tut.

Wassermann – trotz seines Namens ein Symbol des Elements Luft, nämlich ein Engel mit einem Wassergefäß – ist, wie schon vorne bei diesem Element erwähnt wurde, das Symbol für Befreiung aus beschränkenden Normierungen – sozialen wie politischen, ökonomischen oder auch höchst individuellen, ob diese nun Zölibat, Monarchie, Eiserner Vorhang oder Berliner Mauer, autoritäre Führung oder jede Form von Enge sind. Begrenzungen durch Räume, Beschränkungen durch Materie verlieren in diesem Zeitalter an Bedeutung und Gewicht, so wie sich das Gewicht von tausend Bänden einer Enzyklopädie auf das Gewicht einiger Chips im Laptop, nein: auf null Gewicht, weil verfügbar übers Internet, reduziert.

Globalisierung, Liberalisierung, Deregulierung, Digitalisierung, Entmaterialisierung der wirtschaftlichen Werte und daraus folgend Wissensmanagement, virtuelle Unternehmen sowie die Eskapaden der Finanzwirtschaft sind logische Erscheinungsformen im Zeitalter des Wassermanns. Wer in Symbolen denken und Rhythmen verstehen kann, kann mit der Qualität der Zeit denken und handeln anstatt sich über sie zu wundern.

Die letzte wissenschaftliche Bestätigung freilich werden wir für die Auswirkungen des Mond-Rhythmus ebensowenig bekommen (nur sind die Gezeiten schwer zu leugnen) wie für die Saturn-Revolution, die Kondratieff-Zyklen oder die Weltzeitalter. Dazu bietet aber Thomas Mann in seinem „Lob der Vergänglichkeit" passenden Trost und in jedem Fall gültige Handlungsanleitung: *„Möge es so sein oder nicht so sein – es wäre gut, wenn der Mensch sich benähme, als wäre es so."*

Ganzheitliches Denken könnte dabei auch von der Hybris des Macher-Wahns, in dem wir unseren Willen der Natur aufzwingen wollen, zur Demut führen, daß wir eben selbst und höchstpersönlich körperlich auch nur aus atomaren Schwingungen in molekularen Strukturen bestehen. Daher sollten wir die Synchronizität mit anderen, übergeordneten Schwingungen akzeptieren und mit dem bescheidenen Ausmaß unserer diesbezüglichen Möglichkeiten zu verstehen suchen. Die Einfügung in diese Rhythmen führt ja nicht zum fatalistischen „Laissez-faire", sondern zum aktiven Mitgestalten, in dem wieder alles möglich wird – freilich alles in seiner Zeit-Qualität. *„Die Orientierung am Rhythmus wäre eine an die Ordnung des Lebendigen bindende Freiheit."*[42]

Denn alles, was auch in der Führung eines Unternehmens gelingen soll, braucht nicht nur *mehr* oder *weniger* Zeit, sondern vor allem *seine* Zeit. Einer altestamentarischen Botschaft über Rhythmus und Zeitqualität hat Pete Seeger die Melodie gegeben: *„To everything – turn, turn, turn – there is a season – turn, turn, turn – and a time for every purpose under heaven …"*[43]

42 Geissler a. a. O.

43 Altes Testament, Buch Prediger, 3, 1–11: „Alles hat seine Stunde und für jedes Vorhaben unter dem Himmel gibt es seine Zeit … Er macht all und jedes trefflich für seine Zeit."

Das 5. Element: Die Quintessenz

Die Bedeutung der vier Elemente, ihre Qualitäten, ihre Lehren haben wir uns an Hand einiger wesentlicher Führungsthemen bewußt gemacht. Wer sich auf diese Weise einmal eingestimmt und „eingeschwungen" hat, mit bildhaften Verständnishilfen in die Umwelt zu schauen, dem wird es nicht schwer fallen, die elementaren Symbole überall wiederzufinden – in unterschiedlich starker Ausprägung, in vielfältigem Zusammenspiel, eher selten sofort in „Reinkultur" erkennbar.

Das geglückte Zusammenspiel des Quartetts der vier Elemente ergibt die nächste Stufe des Seins, die fünfte Seinsweise, „quinta essentia" – die Quintessenz. Sie zum Leben zu erwecken, zu materialisieren, sollte Ziel unseres Handelns sein. Von den elementaren Qualitäten machen wir deshalb den besten Gebrauch, wenn wir in unserem Handeln – hier eben in unserem Agieren als Führungskraft – immer das fruchtbare, Konflikte und Konfrontationen nicht scheuende Zusammenspiel der Elemente als Ziel vor Augen haben.

Sehen wir uns daher zur Abrundung an, wie diese Elemente in Führungssituationen zusammenspielen können, um die synergetische Wirkung der Quintessenz, des imaginären fünften Elements, zu erzielen:

Coaching ist in seiner Grundqualität
eine Führungsaufgabe, in der die Qualitäten
des Elements Wasser notwendig und gefordert sind.
Die **Quintessenz Coaching** erfordert jedoch

FEUER

für die motivierende Herausforderung und das Anstecken mit Begeisterung, für den Mut zur Konfrontation, für Zielorientierung und persönliches Engagement;

WASSER

für das einfühlsame Fördern und Unterstützen des persönlichen Entwicklungsweges vor allem in der Coaching-Rolle des Mentors, für Zuwendung und Zuhören im Gespräch, für Verständnis in schwierigen Situationen;

LUFT

für Freude an Kontakt und Kommunikation, für die Bereitschaft, andere Standpunkte und Sichtweisen einzunehmen, für die Kreativität, neue Wege anzuregen und Chancen zu erkennen und zu zeigen;

ERDE

für die fachliche Beratung, für die klare Anweisung und Anleitung, für die Verbindlichkeit, Vereinbarungen zu halten und deren Einhaltung zu kontrollieren, für das Vermitteln von Verläßlichkeit und Sicherheit.

Die **Quintessenz Hochleistungsteam** entsteht aus dem ausgeglichenen Zusammenwirken aller vier Elemente:

FEUER

für Zielorientierung, Begeisterung, Inspiration, Erfolgs- und Durchsetzungswille, Kampfbereitschaft zur Zielerreichung, Einsatz, neuen Ideen mit Engagement zum Sieg zu verhelfen, Wettbewerbsehrgeiz;

WASSER

für Einfühlung in die Situation, Erspüren von Chancen, Empfindsamkeit für die zwischenmenschlichen Aspekte der Teamarbeit, emotionale Sensitivität, soziale Kompetenz, Hilfsbereitschaft und Unterstützung;

LUFT

für eigenständiges, unkonventionelles Denken, für die Bereitschaft zum Ausbrechen aus Mustern, Rastern, Schienen, für Phantasie und Kreativität, Kontakt und Kommunikation, Akzeptanz unterschiedlicher Sichtweisen, Humor und Spaß an der Arbeit miteinander;

ERDE

für organisatorische Struktur, strategisches Vorgehen, Disziplin, Termin- und Vereinbarungstreue, Einhalten wirtschaftlicher Regulative und Erfordernisse, ständige Erfolgskontrolle, Umsetzungs-Konsequenz.

Wir stellten schon klar, daß geglückte Motivation in erster Linie eine Funktion des Feuerthemas ist. Im besten Fall ist der Angesprochene ja dann „Feuer und Flamme".
Die **Quintessenz Motivation** ist aber doch letztlich das Zusammenspiel von

FEUER

durch das Aufbauen von Herausforderungen, durch Anspornen und Entflammen, durch das Schaffen von Wettbewerbs-Situationen, die Kampfbereitschaft und Bestätigungsdrang anstacheln;

WASSER

für das Vermitteln des richtigen Maßes an Anerkennung, Lob und Wertschätzung, für das rechte Gespür, wo der einzelne persönlich nicht unter-, aber auch nicht überfordert ist;

LUFT

für das ausreichende Maß an Kommunikation und sozialem Kontakt, für die notwendige Fehlertoleranz, für die Spontanität, auch miteinander zu feiern und Spaß zu haben;

ERDE

für Gerechtigkeit beim Teilen und im Beteiligen am Erfolg, für Aufgabenklarheit, Rückhalt und Absicherung, für Berechenbarkeit, Verläßlichkeit und Sicherheit.

Für ein erfolgreiches Gespräch zur Förderung und Entwicklung von Mitarbeitern ist sicher die Wasser-Qualität der einfühlsamen Führungskraft am meisten gefragt.
Die **Quintessenz Mitarbeitergespräch** erfordert aber das Zusammenwirken von

FEUER

für den Mut zur Konfrontation, wo sie notwendig ist, für die Zielorientierung, die auch einem solchen Gespräch eine Linie gibt, für Lebendigkeit und Optimismus, für zukunftsorientierte Suche nach Herausforderungen;

WASSER

für die Zuwendung zum Gesprächspartner und das Interesse an seiner Person, an seinen Sorgen und Problemen, für die Gestaltung eines behaglichen Klimas und für die große Kunst des Zuhörens;

LUFT

für die Akzeptanz unterschiedlicher Sichtweisen, für die Suche nach kreativen Problemlösungen, für Esprit und Leichtigkeit und für Visionskraft;

ERDE

für das Verfolgen der Gesprächslinie, für das Festhalten der Ergebnisse, für das Einhalten und Kontrollieren der getroffenen Vereinbarungen, für Konkretheit und Verbindlichkeit.

Auch das Ergebnis optimaler Teamarbeit
sollte sich wieder in der **Quintessenz** einer
erfolgreichen **Präsentation** darstellen.
Für dieses in seinem Grunde kommunikative und daher
„luftige“ Thema ist notwendig:

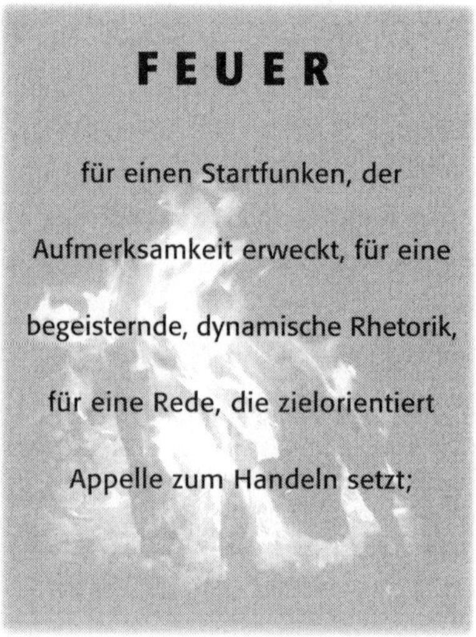

FEUER

für einen Startfunken, der Aufmerksamkeit erweckt, für eine begeisternde, dynamische Rhetorik, für eine Rede, die zielorientiert Appelle zum Handeln setzt;

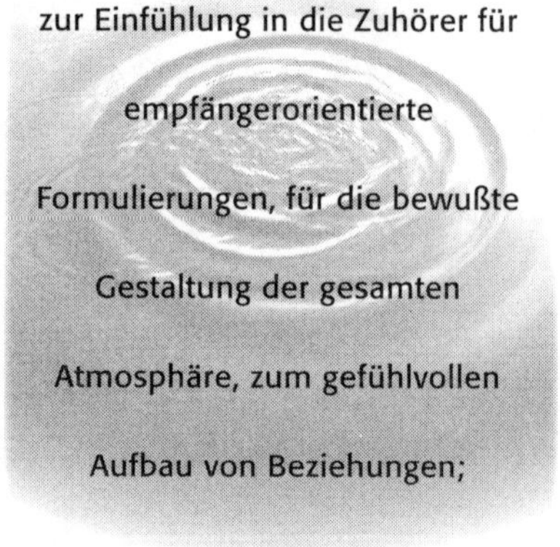

WASSER

zur Einfühlung in die Zuhörer für empfängerorientierte Formulierungen, für die bewußte Gestaltung der gesamten Atmosphäre, zum gefühlvollen Aufbau von Beziehungen;

LUFT

für einen vielfältigen, abwechslungsreichen Medieneinsatz, für Aufmerksamkeit schaffende Überraschungen, für spielerisch kreative Gestaltung mit Freude an der Überraschung;

ERDE

für einen übersichtlichen Aufbau der Präsentation, für umsichtige Planung des Umfelds, für Standfestigkeit in der Argumentation und für das Schaffen klarer Orientierung zum Thema.

Organisation ist als Phänomen der Kristallisation und Strukturierung eine Domäne des Elements Erde. Doch die **Quintessenz Organisation** braucht

FEUER

um Ideen und Gestaltung der Organisation auch durchzusetzen, um ihre Verwirklichung einzufordern, auch für die Zielorientierung, damit notwendige Maßnahmen der Organisation nicht von zu vielen Rücksichten auf Personen angekränkelt und zermürbt werden;

WASSER

um rechtzeitig und mit ausreichender Einfühlung die von organisatorischen Änderungen betroffenen Personen einzubeziehen, um in den Linien der Zuständigkeiten und Informationen auch die Beziehungsströme zu sehen und zu berücksichtigen;

LUFT

für die Veränderungsbereitschaft in der Erneuerung von organisatorischen Strukturen, für das Finden neuer Wege außerhalb der ausgetrampelten Pfade und Schemata, für das Wagnis flexibler Strukturen bis zur virtuellen Organisation;

ERDE

für die Klarheit und Verbindlichkeit organisatorischer Regelungen und Vereinbarung, für die Konsequenz in ihrer Umsetzung, für die umsichtige Beachtung von Details und für das Vermitteln von Sicherheit durch die Festlegung von Kompetenzen und Prozessen.

Am Schnittpunkt der vier Elemente, in der Mitte des Kreuzes sehen die Mystiker das Geheimnis des Lebens. Für die alten Rosenkreuzer wuchs aus der Mitte des Elementenkreuzes die fünfblättrige Rose. Sie entspricht der Lotus-Blüte des Buddhismus als Symbol der Erlösung. Auch sie hat nicht zufällig fünf Blütenblätter. Bei den Alchimisten war diese „Quinta Essentia" der Stein der Weisen, der unedle Metalle in Gold verwandelt und alle Krankheiten heilt.

Es war also immer schon viel Geheimnisvolles um dieses fünfte Element, das immer nur gefühlt, geahnt, aber nicht begriffen werden kann. Das Wesen der Quintessenz ist die unergründliche Mitte, die sich aus dem Zusammentreffen der vier Elemente als deren Vollendung ergibt. Eindrucksvoll erlebbar ist dieses Symbol in der Anlage der gotischen Kathedralen: Die vier Gewölbebogen treffen sich in der Vierungskuppel, durch die in manchen Kirchen das Himmelslicht fällt, in anderen die Taube des Heiligen Geistes schwebt. Oder Christus thront dort inmitten der vier Propheten oder auch der vier Evangelisten, die jeweils die vier Elemente symbolisieren. In Chartres ist an diesem Mittelpunkt auch noch das Labyrinth erhalten. Es stellt die Irrungen und Umwege dar, die vor diesem Ziel stehen. Sie werden in der „Zauberflöte" so beschrieben:

„Der, welcher wandelt diese Straße voll Beschwerden,
wird rein durch Feuer, Wasser, Luft und Erden."

So ist wohl auch das Erfahren der Quintessenz der Führungskunst von den Irrfahrten durch unsere Temperamente und Elemente gekennzeichnet. Und wie seit jeher für die mystischen Sucher ist auch für die Führungskraft die Quintessenz ihrer Aufgabe nicht in praktische Patentrezepte abfüllbar. Letztlich wird und soll auch über der Kunst der Menschenführung ein Schleier von Geheimnis bleiben. Nicht alles, was das Charisma einer wirklichen Führungsautorität ausmacht, ist in Anleitungen zu beschreiben und in Regeln zu fasssen.

Doch wir brauchen uns auch nicht enttäuscht von den Grenzen der Durchschaubarkeit und Verstehbarkeit der Führungskunst mit ihrer praktischen Machbarkeit zu begnügen. Es gibt Wegweiser durch dieses Labyrinth, in dem die Wege immer von zwei Leitschienen gesäumt sind: die Wirtschaftlichkeit, ohne die wir die Unternehmenswelt nicht anhaltend gestalten können, und die Menschlichkeit, ohne die wir sie nicht ertragen wollen.

Die vier Elemente als vereinfachte Bilder zur sicheren Orientierung scheinen mir ein brauchbarer Kompaß zu sein – eine hilfreiche Windrose. Sie zeigt vier Grundrichtungen an, von denen jede gleich wichtig ist wie die drei anderen. Das Leben spielt sich in den 360 Grad dazwischen ab:

Dreißig Speichen treffen die Nabe.
Die Leere dazwischen macht das Rad.
Lao Tse

LITERATURHINWEISE

Tony Alessandra/Michael O'Connor: „Die Platin-Regel", Frankfurt/M. 1997

Günther Anders: „Die Schrift an der Wand – Tagebücher 1941–46", München 1967

Richard Bach: „Die Möwe Jonathan", Berlin 1970

Rudolf Attems/Adalbert Holzer: „Spitzenleistungen in die Praxis umsetzen", Wien 1989

Michael Birkenbihl: „Karriere und innere Harmonie", München 1991

Vera Birkenbihl: „Kommunikationstraining", Landsberg 1986

Fritjof Capra: „Wendezeit", München 1962

Felix von Cube: „Lust an Leistung", München 1998

Mihaly Csikszentmihalyi: „Flow – Das Geheimnis des Glücks", Stuttgart 1992

–: „Dem Sinn des Lebens eine Zukunft geben", Stuttgart 1995

Thorwald Dethlefsen: „Schicksal als Chance", München 1980

Michael Ende: „Momo", Stuttgart 1973

Jörg Fengler: „Helfen macht müde", München 1994

Viktor Frankl: „Das Leiden am sinnlosen Leben", Wien 1977

Erich Fromm: „Anatomie der menschlichen Destruktivität", Stuttgart 1974

Edgar Geffroy: „Abschied vom Verkaufen", Frankfurt 1997

Karlheinz A. Geissler: „Zeit", Weinheim/Berlin 1996

Daniel Goleman: „Emotionale Intelligenz", München 1997

Hermann Hesse: „Legenden", Frankfurt/M. 1983

Jürgen Hesse, H.C. Schrader: „Die Neurosen der Chefs", Frankfurt/M. 1994

Robert Kriegel, David Brandt: „Das letzte Muh der heiligen Kuh", Wien 1996

David McClelland: „Macht als Motiv", Stuttgart 1978

Gareth Morgan: „Bilder der Organisation", Stuttgart 1997

Bernhard von Mutius: „Die Kunst der Erneuerung", Frankfurt/M. 1995

Robert Ornstein: „Multimind", Paderborn 1989

P.D. Ouspensky: „Auf der Suche nach dem Wunderbaren", Bern 1978

Waldefried Pechtl: „Zwischen Organismus und Organisation", Linz 1989

Tom Peters: „Management in chaotischen Zeiten", Frankfurt/M. 1995

Fritz Riemann: „Grundformen der Angst", München 1986
–: „Lebenshilfe Astrologie", München 1996
Virginia Satir: „Kommunikation, Selbstwert, Kongruenz", Paderborn 1990
Wolfgang Schmidbauer: „Die hilflosen Helfer", Hamburg 1977
Ursula Schneider: „Wissensmanagement", Frankfurt/M. 1996
–: „Die sieben Todsünden des Wissensmanagements", Frankfurt/M. 2001
Michel Serre: „Die fünf Sinne", Frankfurt/M. 1993
Thomas A. Stewart: „Der vierte Produktionsfaktor", München 1998
V.: „Der Mafia-Manager", Wien 1996
Ken Wilber: „Eros-Kosmos-Logos", Frankfurt/M. 1996
Betty Zucker: „Mittendrin und voll daneben", Zürich 1997
Stefan Zweig: „Die Augen des ewigen Bruders", Frankfurt/M. 1922

STICHWORT- UND NAMENSVERZEICHNIS

Wenn Sie mit Ihren Mitarbeitern und Kollegen an den Themen dieses Buches weiterarbeiten oder aus anderen Gründen mit dem Autor in Kontakt treten wollen, erfahren Sie alles dazu im Internet unter der Adresse

www.hendrich.cc bzw. E-Mail fritz@hendrich.cc

oder über die Telefonnummern
+43 77 47 40 03 oder
+43 66 41 22 90 41

224 Seiten, ISBN 3-7844-7118-8

Franz J. Löbbert

Feng Shui für Manager

Erfolg durch innere und äußere Harmonie

Gerade für Manager ist Feng Shui, die Lehre von Raum und Energie, bedeutsam. Dieses Buch lehrt, wie Sie die eigene Energiebalance einschätzen und die der Firma optimieren können. Es gibt kostbare Tipps, wie Sie Ihr Büro optimal gestalten und mit sich und Ihrer Umwelt in Harmonie leben können. Der Feng Shui-Ratgeber für Company, Business, Sales und Ihr persönliches Leben

Wirtschaftsverlag

Besuchen Sie uns im Internet unter www.herbig.net